NUESTRA ESPAÑA

1er Semestre 2016

MANUEL IBÁÑEZ ROLDÁN

Titulo: Nuestra España 1er Semestre 2016.

Autor: Manuel Ibáñez Roldán.

Nº Páginas:293

Ⓢ Registrado en Safe Creative.

ISBN-13: 978-1539006206

ISBN-10: 1539006204

Maquetación y portada: David Manuel Ibáñez Dolader.

POR EL TRABAJO DIGNO

Hace falta trabajo que se adapte a la experiencia y a la formación de las personas. Hacen falta puestos de trabajo y, para ello, hace falta inversión y concienciación. Sin lo uno y lo otro es más que imposible que se creen las ofertas. Siempre quedarán personas en la calle, sin recursos monetarios, sin actividad profesional que desarrollar, sintiéndose no valido para esta sociedad y, al mismo tiempo, indignado con el sistema.

Las personas deben sentirse incluidas en la sociedad, no excluidas o marginadas. Tienen que sentirse provechosas, útiles, y han de poder llevar un salario digno a sus casas. Todas las familias necesitan comer, vestir, calzar y cubrir los gastos imprescindibles de electricidad, agua y gas. Al menos esos gastos les son básicos a todas las familias, y la actividad física y mental de cada individuo, debe reportar dinero con el que subsistir.

Nuestros políticos se deben centrar en este grave problema, yo diría, que por encima de muchos otros. Por eso no entiendo la batalla por los sillones del poder, porque hay faena por delante que significa la salvación de las personas, el rescate de las familias, y dejar de estar a las órdenes de los poderosos, a quienes no interesa este problema. El desempleo favorece la lucha por los escasos puestos de trabajo y, por consiguiente, la precariedad de las condiciones que los trabajadores tienen que aceptar. Son los empresarios los que salen ganando. Una vez más el sistema está de parte de los poderosos, porque son ellos los que influyen en las leyes que se establecen en una sociedad.

Una vez que se ve este juego, es cuando se comprende algo que no muchos parecen entender, que es el Gobierno el que debe crear puestos de trabajo para sus ciudadanos cuando los empresarios no lo hacen. El empresario siempre tendrá en cuenta ese paro estructural permanente que les favorece, y no hará nada para erradicarlo. El Gobierno le dará al empresario las facilidades para que invierta, arriesgue y oferten los puestos de trabajo necesarios para la población desempleada. Pero si no lo hace... ¿Qué debe hacer el Gobierno, dejar que pasen penuria sus ciudadanos?

Yo lo tengo claro y por eso lo expongo, lo he comentado en otras ocasiones y lo vuelvo a repetir. Apenas me muevo un ápice de este convencimiento que expreso, los Gobiernos existen para representar los intereses de los ciudadanos, para gestionar lo que es de todos en pos del bienestar general de la población. Por eso, nadie puede ni debe quedarse atrás, el bienestar ha de llegar a todos, y no conozco otra forma que teniendo un trabajo decente con un salario digno. Esta ha de ser la primera preocupación de un Estado serio, procurar el trabajo para todos.

A mí el movimiento de fichas, las destituciones, las peleas por los sillones, los colores y todas esas cosas no me importan en absoluto. Lo primero es lo primero, y es lo que se ha de atender con total prioridad, por la derecha o por la izquierda, con el rojo, el verde, el morado o el azul. El fanatismo no da de comer, y sí que fabrica mucha inquina. El odio solo puede hacernos enfermar, no aporta nada bueno a nadie.

HABLANDO DE LO QUE NO INTERESA A LOS CIUDADANOS

Tras el parón informativo político navideño, ayer hubo Sexta Noche. Como siempre comenzó alrededor de las 9,30 h, y eran más de las 11 h y seguían con el tema tan aburrido de los pactos. Los tertulianos pisándose la palabra constantemente, no dejándose oír, un debate enmarañado y nada inteligible. Las intervenciones de los políticos asistentes al debate eran para echar escombros a las espaldas de los demás y para hacer campaña electoral. Solo hubo dos tertulianos a quienes quiero destacar por su mesura, educación y respeto hacia los demás intervinientes: Javier Aroca y Jesús Maraña. Estas dos personas se muestran con opiniones propias e independientes, algo de lo que parecen carecer el resto de invitados al debate de anoche. A los demás se les ve el plumero cada vez que abren la boca, da la impresión que comulgan y defienden a los que les han de hacer llegar sobres en blanco o en negro, cualquiera sabe, viendo el panorama oscuro que nos ha ido revelando, cada semana, el pasado año.

Dije antes que eran las 11 h. y seguían con lo mismo, porque más allá de esa hora fui incapaz de seguir aguantando, apagué el televisor y a dormir, que era mucho mejor que seguir soportando el martirio de los pactos, con la versión maniqueísta del interviniente de turno. Tan solo aprecio sentido común en las exposiciones de Javier Aroca y de Jesús Maraña, dos personas, por lo demás, que saben esperar su turno de palabra, y que respetan el de lo demás, algo muy poco frecuente cuando es al contrario; cuando ellos hablan son interrumpidos constantemente por los que dan la sensación están untados por los de un color u otro.

¡Vaya tres!, ¿dónde dejamos a Francisco Marhuenda, Eduardo Inda o Pablo Montesinos?, "el trío de las Azores", muestra de la pretensión tendenciosa en los debates en los que intervienen. Contrarios a los cambios y a la renovación. Fanáticos de lo establecido y la inmovilización. Además no dejan hablar, en especial, Inda y Montesinos. Estos dos hacen que los espectadores no podamos enterarnos de casi nada, que es todo lo que a ellos y a los que les pagan no les interesa que se divulgue. Marhuenda es especialista en restar importancia a todo lo que ha hecho mal el Gobierno, haciendo comparaciones con otras partes del mundo, de esta forma cree que rebaja el nivel de delincuencia de los políticos de nuestro país, en especial cuando afectan a los del PP, su querido partido, en el cual ha trabajado anteriormente.

Maraña le paró los pies ayer cuando le dijo que por qué no hacia las comparaciones para los derechos, las condiciones laborales, etc., esto resultó un acertado golpe en la zona de flotación del contrincante Marhuenda, que cayó a la lona con evidentes síntomas de estar K.O. ¡Ya está bien de tanta hipocresía en los debates!, salvo Tania Sánchez, que representaba a PODEMOS, que trató varias veces de exponer la ley 25 de protección social, que van a proponer en el Congreso, nadie puso sobre la mesa ninguna consideración hacia la ciudadanía. Nadie hablaba, a excepción de Tania, de problemas que afectaran a los ciudadanos, ni de hacer política o de empezar a trabajar. Tuvo que ser, de nuevo, Maraña el que dijo que los españoles habíamos hablado en las urnas, que estaban todos los diputados y que tenían que estar trabajando conjuntamente en lugar de estar perdiendo el tiempo. No puedo estar más de acuerdo.

LA PRIMERA INDIGNACIÓN DEL AÑO

Campanas al vuelo porque hay menos parados en 2015 y más empleados, pero todavía son demasiados jóvenes sin empleo, y demasiados mayores que tampoco lo consiguen. A pesar de ello, el Gobierno se desentiende porque no se involucra a fondo en la consecución de todos los puestos de trabajos necesarios para que todos los que estemos en condiciones de trabajar, lo podamos hacer.

Se desentiende cuando recorta las condiciones de ayudas y subvenciones a los que, habiendo trabajado muchos años, se quedan parados. Antes, si eras mayor de cincuenta y dos años y te quedabas parado, cobraba tu prestación por desempleo, y si a su término continuabas parado, te correspondía una ayuda hasta la jubilación a los sesenta y un años. Con las políticas de recortes, esto pasó a mayores de cincuenta y cinco, pero con la salvedad de que si en la unidad familiar alguien cobra por encima del SMI, y no hay carga familiar, a ti no te corresponde nada por todos esos años trabajados; ¡el Gobierno se desentiende de ti!

No se puede vivir holgadamente, haciendo frente a la hipoteca, a los gastos de luz, gas, agua, teléfono, comer y vestir, sobrepasando el SMI, como impone el Gobierno, porque a partir del SMI, los salarios pueden ser muy variados y casi nunca demasiados abultados. Abultados los tienen los políticos (nuestros empleados), los empresarios, los banqueros, los accionistas de grandes compañías, los consejeros de esas compañías (muchas veces expolíticos), los deportistas (en especial, escandalosamente, los futbolistas), etc.; pero no las familias. Aunque los sinvergüenzas de la vida política trataron, en su día, de echarnos la culpa de la crisis cuando dijeron que habíamos vivido por encima de nuestras posibilidades; ustedes y vuestros compañeros, que nos habéis robado durante varias décadas miles de millones de pesetas, antes, y ahora euros, ¿Ustedes no son responsables de nada, sinvergüenzas?

Ya está bien de hacer políticas suicidas, que empobrecen a los ciudadanos. Ya está bien de cantar victoria porque las cifras del desempleo mejoran. ¡Salgan a la calle y comprueben qué trabajo ofrecen los empresarios! Ustedes, chorizos de despachos, ¿podrían vivir con la precariedad y la temporalidad del trabajo que ofrecen hoy los empresarios?, ¿podrían ustedes pensar en crear una familia, comprar una vivienda, un coche, etc., con las condiciones de los empleos actuales? Ese es el futuro que ustedes, inútiles, están fomentando para el grueso de la población.

Ustedes están impulsando pobreza y precariedad. Ustedes están promoviendo falta de aspiraciones en las personas de este país. Ustedes alientan el independentismo, porque lo que ofrecen no ilusiona a nadie. Ustedes están hartos de robarnos dinero y la vida, metafóricamente hablando; en algunos casos, en estos últimos tiempos, también son responsables directos de algún que otro suicidio por desesperación. Ustedes han dejado a cantidad de familias, con hijos pequeños, con mayores y personas enfermas, en la calle por desahucios. Sin embargo, no tuvieron pelotas para dejar a los banqueros que quebraran por su mala gestión, ¿los banqueros no habían vivido por encima de sus posibilidades?

Ustedes y sus políticas no miran por la gente, tienen puesto la mirada en los grupos inversores. Ustedes viven con el miedo de que se puedan ir los inversores, porque ustedes son unos fracasados, que solo saben gobernar para chupar otros cuatro años más. De lo contrario, ustedes ya habrían construido un país rentable e industrializado que no necesitara que vinieran de fuera los inversores a imponer sus políticas y a endeudarnos. ¿Han pillado algo de lo que os digo? Ustedes no valen nada, son ineptos y cobardes, por eso dependemos de los fondos europeos, del BCE y de los grupos inversores, que nos sacarán la sangre. Ustedes están vendiendo el país, de momento lo han hipotecado sin nuestro consentimiento. ¿Se enteran?

ABRE LOS OJOS

O llega alguien al poder que entienda que un Gobierno de mayorías es un órgano represor de los ciudadanos, o estamos perdidos. El Gobierno se vale de la sumisión de la población, para establecer las leyes que mejor convienen a las clases sociales que más fielmente representan al colectivo de políticos que ocupan el Gobierno.

Por lo general los empleados del Gobierno, que son nuestros empleados, se ponen sus sueldos, se marcan las líneas rojas, se saltan las que quieren, frenan la justicia, indultan a quienes les parecen, hacen negocios en lugar de dedicarse íntegramente a su función pública, y lo hacen porque ellos mismos se dan para sí el privilegio de estar sacando partido de sus influencias, de sus contactos, valiéndose de su posición gubernamental.

La política es necesaria porque no deja de ser diálogo, pero valerse de la política para someter a la gente, obligarle a que haga cosas, engañarle, robarle y abandonarle; es algo bien distinto y frecuente en las bandas criminales y organizadas, que se apoderan del poder de nuestro país. Me corroe saber que nos han mentido desde que tengo uso de razón. Me corroe saber que nos han saqueado esos bandidos desde que se erigieron para gestionar este país. Me indigna tener que acatar las leyes injustas, redactadas por personas que dotan, esas mismas leyes, de contenido interesado, para que se apliquen de un modo diferente dependiendo de la clase social a la pertenezca el infractor.

El juego del poder es terrorífico, y nada tiene que ver con las necesidades e intereses de los ciudadanos, ¡que no te engañen! El poder va por el camino de la soberbia, la codicia y de la prepotencia, ejemplo: Junts Pel Sí, se supone que lidera un proceso independentista en Cataluña. Se supone que están convencido de hacerlo porque se supone que creen es lo mejor para los catalanes, pero el poder ha de ser de Artur Mas, o todas las creencias de que era lo mejor para los ciudadanos se va a la mierda, y como vemos en las negociaciones, dicen que Artur Mas es innegociable, o sea, el poder para este es lo innegociable, aunque aquellos supuestos intereses para los ciudadanos catalanes se vayan a donde dijimos… a la mierda. Este ejemplo revela lo que vengo diciendo: los políticos luchan por poder, no les importan las necesidades, o lo que sea mejor para los ciudadanos.

En la lucha por el poder central de España ocurre otro tanto de lo mismo. Se supone que el PP aplicaba las políticas impuestas por Bruselas porque eran las convenientes para la recuperación económica de España, que no lo son, dicho sea de paso; pero ya ha manifestado Rajoy, con tal de seguir a los mandos, que está dispuesto a negociar todo cuanto haya que negociar en cuanto a políticas, si consigue pactar con otras formaciones su continuidad como presidente del nuevo Gobierno y uno de su partido como presidente del Congreso. ¡Quiere poder! Lo que antes era bueno e innegociable, ahora está dispuesto a ponerlo en juego, lo ha dicho él ante los medios de comunicación. Rajoy quiere y sueña con los doscientos veintitantos diputados, pero está dispuesto a negociar lo que haga falta con tal de conseguirlo.

Siempre poder, nunca el objetivo de gentuza de este tipo va a perseguir la calidad de vida de las personas trabajadoras de este país.

EL CHANCHULLO DE LA JUSTICIA PARA CRISTINA

El lunes que viene la Infanta Cristina y su marido Urdangarín se sientan en el banquillo de los juzgados de Mallorca, pero con una diferencia, que Cristina es la hija de Rey y hermana de Rey. Así que hay que echar mano de esa burda forma de hacer excepciones en los procesos judiciales, la Doctrina Botín, que se aplica cuando conviene que salga impune un delincuente, que resulta ser un personaje de gran relevancia social. Lo mismo que sucedió con Emilio Botín, banquero, que en 2007 junto con tres directivos del Banco Santander, se valieron de este chanchullo judicial para eludir la justicia, por haber dejado de tributar en Hacienda por dos mil quinientos millones de euros. ¡Ah!, pero Botín financiaba a algunos partidos políticos del poder, y les condonaba las deudas.

La Doctrina Botín fue una resolución del Tribunal Supremo, del 2007, para dejar sin efecto las acusaciones particulares contra delincuentes, si a la Fiscalía y a los supuestos perjudicados, por conveniencia, les viene en ganas no acusar a los maleantes de turno. Vuelvo a repetir, que es una burda maniobra para hacer excepciones en los procesos judiciales, por conveniencia de la Fiscalía, Hacienda, La Casa Real, El Gobierno y todos aquellos que teniendo poder para pedir justicia, lo que hacen es mirar hacia otro lado por intereses; cometiendo prevaricación todos ellos, pues obran mal sabiendo que se han cometido delitos, que cuando quedan impunes, los pagamos entre todos.

La Infanta Cristina tenía una empresa a medias con su marido, el dinero entraba en su casa, ella lo ha disfrutado como el resto de su familia, marido e hijos. Ella tiene estudios y vivía con su marido, firmaba los documentos de la empresa, porque era el cincuenta por ciento de la sociedad. Todo estaba bien, hasta que la cogen con la mano en la masa junto a su marido, y claro, el culpable de todo es él, Urdangarín, ella solo le amaba, estaba ciega de amor y por eso no veía nada de lo que sucedía. ¿Hasta cuándo vamos a tener que soportar esta tosca manipulación de la justicia, de los jueces, y de las Instituciones para que callen y miren hacia otro lado? ¿Hasta cuándo vamos a soportar a mediadores especialistas en el trabajo sucio, que no cuidan lo que es de todos y nos cuesta el dinero? Esas gentes que están haciendo el mal a sabiendas, son alfombras del poder. Les faltan reaños para alzar la voz contra la corrupción dentro de las Instituciones, se arrastran por el suelo y son pisoteados por su falta de carácter y personalidad. Son monigotes al servicio de un salario que temen perder.

Volviendo al caso de la Infanta, ¿a qué otra persona de este país, Hacienda le permite declarar varias facturas, sabiendo que son falsas, para que no rebase el importe por blanqueo de dinero, que ineludiblemente estaría castigado con doce años de cárcel? A nadie más, se lo permite a la hija de Rey y hermana de Rey. ¿Por qué vemos a Cristina tan contenta cuando las cámaras la enfocan en Suiza? ¡porque todo está amañado! ¿Y su marido dando el paseíto al perro, igualmente, tan contento y tan feliz?, por otro tanto de los mismo. Cualquier persona decente de este país se ve envuelta en un juicio, que sea un poco delicado, y no tiene ganas ni de mirarse a la cara. Sin embargo esta pareja "que pudiera verse condenada a varios años de cárcel" hacen una vida de lo más normal. Ya saben que el escudo protector está desplegado. ¡Hay varias Españas y justicias de diferentes velocidades!

EL PASO AL LADO DE ARTUR MAS

Por fin Artur Mas se echa a un lado, como él dice, y permite el acuerdo independentista que pretendían Junts Pel Sí, la CUP y algunas asociaciones. Por fin se ha enterado este hombre que la CUP no firmaba ningún acuerdo, en el cual él fuera el próximo presidente de la Generalitat.

No obstante, se aparta pero no deja la política, es la mosca cojonera, que se va a llevar toda su vida comiendo de la política. Además, lo hace mediante un acuerdo extraño en el que la CUP tendrá que ceder dos Diputados a favor de Junts Pel Sí, algo insólito, que como dice Artur Mas se hace retorciendo la voluntad de los votantes. O sea, en una medida nada democrática, pero a quién importa eso, si Mas viene de donde viene:

"uña y carne con el honorable Pujol", ¿le va a importar un comportamiento ilegitimo, poco ético, inmoral y antidemocrático? Le da exactamente lo mismo, démonos cuenta de que ya ha rebasado el tiempo de permanencia en política, y ya es un profesional sin escrúpulos, como lo son la gran mayoría de políticos profesionales.

Haciendo un símil futbolístico, cuando los jugadores no juegan, no cumplen, hacen responsable al entrenador y lo destituyen. Cuando en un partido político los de alrededor resultan unos corruptos, el presidente del partido nunca sabe nada, nunca vio nada, y no es responsable de nada. Si la UDEF pilla a algunos se dedican desde el partido a poner cuantos palos en las ruedas puedan, manipulan cuanto les sea posible, y si al final les condenan porque es demasiado descarado y hay que dar ejemplo, aplican una ridícula condena, no exigen la devolución de lo sustraído; un poco más a delante le reducen la pena o le indultan, este ha sido, aproximadamente, el esquema judicial contra los actores de la corrupción dentro de los partidos políticos.

Artur Mas tampoco se enteró de nada de lo que hacía la CIU, ahora CDC, ni por supuesto Pujol. El no sabía nada del 3%, ni de tantos por cientos mayores. No sabía nada que estuvieran haciendo ilegal, pero el resultado es que tienen quince sedes embargadas, y a Pujol ya está tardando la justicia en meterle mano, tras haber declarado, él mismo, que había estafado al fisco durante treinta años, ¿qué más pruebas necesita la justicia para condenar a la familia Pujol?, porque están implicados todos sus miembros en la red de blanqueo de dinero, cobro de comisiones ilegales, y todo eso le ha costado mucho dinero a los ciudadanos catalanes y españoles.

Volviendo al movimiento de fichas de Junts Pel Sí, Artur Mas da ese paso y deja en su lugar a una persona, también de CDC, de su total confianza, que como pudimos ver en las imágenes de televisión, hablaban ambos y parecía que el tal Carles Puigdemont, con los gestos de sus manos, decía: "que no se preocupara, esto pasa y seguimos a lo mismo". ¡Qué torpeza la cabezonería del PP! Si hubieran permitido aquel 9 N que Cataluña hubiera decidido mediante referéndum lo que quería hacer, independizarse o seguir en España, estaba claro que el resultado contundente era no independizarse. Pero con la pugna mantenida desde entonces, los independentistas han aumentado en número, y aún así el 27 S, no han superado el 50 %, hubieran vuelto a manifestarse en contra del independentismo. El PP está dejando pasar las mejores y está crispando a los catalanes, porque a nadie le gusta que le impongan nada a la fuerza.

LA ESTELADA MEDIO LLENA O MEDIO VACÍA

Quiero interpretar la asistencia del Ministro de Interior y de un militar uniformado al acto de la toma de posesión de Carles Puigdemont, como Presidente de la Generalitat, una forma de decir: "España está presente en este parlamento", o "vigilamos lo que hacéis". Me imagino que van por ahí los tiros.

Peor aún, es aplaudir al final del discurso del nuevo Presidente catalán, como hizo el Ministro. Posteriormente, hizo unas declaraciones en las que manifestaba: "hoy aquí se ha perdido el espíritu de la Transición, el espíritu de la concordia y de la unidad". Pero eso ya se sabía, lo vienen anunciando desde hace tiempo y, sobretodo, con el nombramiento de esta persona que ha liderado el independentismo municipalista entre los ayuntamientos catalanes.

Puigdemont dijo que estaban ahogados, humillados financieramente, y desatendidos por las inversiones del Estado. De nuevo, culpa al Estado de España de su situación de fractura económica, pero ni una sola palabra a la cantidad de millones robados a las arcas públicas catalanas. Ninguna mención a la fortuna vergonzosa de la familia Pujol, que tan cercana creció al partido del cual procede el actual CDC, donde militan tanto Artur Mas como el mismo Puigdemont. Ni una palabra para la criminal actividad de las comisiones cobradas durante años, lo que ha supuesto sobreprecios en todas las adjudicaciones públicas. ¿Eso no empobrece a Cataluña?, ¿eso no es robarle a los catalanes?

Los políticos, como siempre, manipulando la situación, dando, una vez más, una visión de Estelada medio llena o medio vacía, dependiendo de lo que interese decir en el momento; y está claro, que los gobernantes catalanes han preferido presentarse como victimas ante el pueblo español. Pero si ahora, con la financiación que les corresponde no soportan los gastos que tienen, por mucho que aporten al Estado central; cómo lo harán por sí mismos cuando tengan que pagar a sus pensionistas, a sus parados, a sus funcionarios, políticos, etc. ¿Entonces si van a alcanzar?

Siempre se da por bueno que sean las mayorías las que decidan, se acepta como lo menos malo, pero no deja de ser malo, pues arrastran a las minorías. Las minorías, los que piensan y optan por una forma de vida diferente, no tienen cabida en la sociedad de las mayorías aplastantes, pues al final resultan ser apisonadoras que hacen valer la cantidad, que no siempre es la calidad.

La solución es difícil, pues lo justo sería censar a los que desean ser independentistas, y que crearan una sociedad distante del resto, que sí quedarían bajo la tutela del Estado español. Los otros no lo estarían, se tendrían que autogestionar y llegar a ser autosuficientes. Eso sería lo más adecuado para darle a cada uno lo que desea y pide, pero supondría el caos más absoluto. Por ejemplo:

¿Los hospitales, colegios, universidades, de quiénes son?, porque los otros si los requieren tendrían que abonar los servicios, o bien, tendrían que construir los suyos. Creo que optarían por esto último, o al menos, sería lo que les gustaría para poder educar e inculcar sus ideas. ¿Hay dinero para duplicar construcciones ya existentes?, ¿no es esto una locura?

El tema catalán no se puede abordar desde el frentismo o las imposiciones, pues eso no lleva a ningún sitio. Este problema se ha enquistado por el choque de trenes que vienen protagonizando tanto el partido del gobierno como el gobierno catalán. Los problemas no se solucionan por la fuerza y sin que medie el dialogo, tampoco creando problemas para conseguir mejores condiciones económicas que el resto de las regiones españolas. Hay que sentarse a dialogar con dos dedos de frente y mucho sentido común, virtudes que parece ha faltado, y mucho, en este proceso político.

Los unos han de entender que no se puede arrastrar a media Cataluña para que vivan como ellos quieren, y los del Gobierno central no pueden seguir con una posición inmovilista, basados en una Constitución, "que nos dimos todos los demócratas", como les gusta decir una y otra vez, hace cuarenta años. Los tiempos cambian y las necesidades también, por tanto, las leyes deben adaptarse a los tiempos que corren.

EL CORRUPTO ES HOMENAJEADO

Ayer en el programa Al Rojo Vivo, de la Sexta TV, difundieron una noticia que incluía una grabación, cuyo protagonista era De Guindos, Ministro de Economía. Lo mollar del tema, y a lo que me quiero referir era: que su partido, harto de hablar de transparencia, y harto de proclamar a los vientos que es el partido que más ha hecho contra la corrupción por el paquete de medidas que ha legislado, se había puesto en su contra por haber aireado lo de las tarjetas black. Decía que todos sus compañeros del Gobierno se lo habían reprochado y, que además, el partido había organizado una comida homenaje al chorizo de Rato, y que ni siquiera le habían invitado. Lo habían dejado a un lado por denunciar la corrupción. Así las gasta el PP de Rajoy y los cuarenta ladrones. Después dicen que no hay que generalizar, pero es que dan pie para ello.

Los partidos juegan con dos barajas o más. No nos podemos fiar de lo que dicen públicamente, porque hacen otra cosa bien distinta por la espalda. Y, una vez más, muestran que los ciudadanos no les importamos, pues para ellos, con este reproche a De Guindos, es prioritario el ocultamiento de los hechos a que se haya robado. El acto del robo prefieren que no se sepa, y si ese es su comportamiento de partido, tengo que pensar que todos son corruptos directa o indirectamente.

El colmo es que hacen toda la pantomima de echarles del partido y le organizan una comida homenaje al trabajo realizado en el partido. Será a los dineros que les haya metido por la puerta de atrás. No es de extrañar que tengan que hacer otra a: "se fuerte Luis", o sea, al Señor Bárcenas, pues estoy seguro que también les ha metido cantidad de millones de euros en sobres y por la puerta de atrás, para financiar reformas y campañas electorales, amén del dinero que sigue en Suiza, que siempre he dudado sea del Señor Bárcenas. Quizás algún día nos enteremos, porque que sepamos el PP no se ha querellado contra Bárcenas, a pesar de que siempre le culpa de haberles robado. ¡Todo lo contrario! el Presidente del Gobierno, que también lo es del partido, le mandó de seguida los SMS famosos dándole ánimos y anunciando que harían lo que pudieran, ¿qué quiso decir Rajoy? El lo debe saber bien.

Me he centrado en el PP por la noticia, pero qué pasa con los EREs de Andalucía, que son del PSOE. El PP y el PSOE son zipi y zape, dos pintas de mucho cuidado, tanto uno como otro, actúan del mismo modo, marean la perdiz, cambian los jueces, dicen personarse como acusadores, pero después ponen todas las trabas que pueden y no entregan los documentos que les solicitan los jueces. Si el juez no atiende y no se ajusta a los deseos de los partidos, lo vuelven a cambiar. El nuevo tiene que ponerse al día y se demoran los procesos. Algunos asuntos van prescribiendo y los infractores quedan en la calle, sin penas y sin que nadie devuelva lo robado a la sociedad en su conjunto. Pero, claro, la crisis es responsabilidad nuestra, que vivimos por encima de nuestras posibilidades; de ellos, de estos chorizos que nos han gobernado y nos están gobernando, tanto en el Gobierno Central, como en Andalucía, de ellos no es responsabilidad, que han vivido por encima de nuestras posibilidades y las suyas.

La política lleva años siendo el circo de los privilegios, el sistema blindado que sirve para que los más espabilados hagan negocios privados, y para que los partidos reciban dinero negro de las empresas, se financien o subvencionen las empresas de familiares y amigos, etc. Pero no por eso debemos desentendernos de la política, porque le despejamos el terreno para que sigan haciéndolo con mayor libertad, sino que debemos implicarnos más, estar más atentos a lo que hacen, y a los periodistas, un diez, por su audaz actuación de investigación. Gracias a ellos nos estamos enterando de los escándalos, que muchos políticos han ido cometiendo durante años mientras se enriquecían. ¡El político a la política!, y el que quiera dedicarse a los negocios y a las comisiones, que ponga una empresa y se aparte de lo público, porque termina robándonos a todos.

¿Qué haces con tu tiempo?, esta sencilla pregunta es importante para cualquiera. ¿Lo empleas como te apetece?, ¿haces lo que quieres hacer?, ¿siempre estás a las órdenes de alguien?, ¿te sientes lo suficientemente libre?

Hay obligaciones ineludibles, porque hay responsabilidades contraídas y prioritarias. Todos necesitamos lo básico para vivir, pero muchos se complican su existencia, olvidan que si tienes más cosas, de más cosas te has de preocupar y ocupar. Más recursos has de conseguir para poder hacerte cargo de más cosas. Hay que saber bien en qué nos metemos, porque lo que se hace impulsivamente en un instante, puede obligarnos durante años.

La sociedad, al menos hasta ahora, ha vendido mucho el largo plazo. La compra del piso con hipoteca de veinte o treinta años, el coche a plazos en seis o siete años, los muebles, también, a pagar en varios años. Sin embargo, hemos llegado a una situación de inestabilidad laboral, precariedad y temporalidad, que es una locura firmar nada a varios años vista; porque no sabes cuando perderás el puesto de trabajo. Esto es una realidad hoy, por eso las personas jóvenes no pueden hacer planes como se hacía hace años, que alguien entraba a trabajar en una empresa y era para toda la vida. Eso era normal antes, ahora no.

Con todo esto de la crisis, han provocado la pérdida de derechos de las personas, los salarios han menguado y el consumo se ha restringido a las cosas más necesarias. Los ideólogos de la crisis, los que, realmente, la han provocado, los que mueven los hilos en la sombra, se han equivocado en cuanto a estancamiento en el consumo, pero parece ser que su plan ha sido perfecto para ellos. Todos hemos oído que en estos años de crisis los ricos son más ricos, el resto nos hemos convertido en más pobres, y algo significativo según hemos sabido, es que el número de ricos aumentó. Ha habido un grupo de gente, que ha sabido sacar tajada del descalabro financiero del país. Los empresarios son más poderosos frente a los trabajadores. Los banqueros han robado cuanto han podido, se han blindado pensiones y se han procurado despidos millonarios, que hemos pagado entre todos, al mismo tiempo que el país ha quedado más endeudado y dependiente de Europa y de los grupos inversores.

La falta de expectativas de un país y de sus gobernantes, acarrean estas miserias a la población, pues después de todo, somos los ciudadanos los que soportamos todo. El dinero para socorrer gastos del país no sale de los que lo hagan mal en el Gobierno, no sale de los grandes empresarios, que sabemos pagan menos que nadie, y tampoco sale de los banqueros, que hasta cuando son pillados defraudando le sacan una doctrina para no condenarles. El dinero siempre sale de un sitio, de nuestros impuestos, y si hace falta más, legislan para recaudar más, es así de sencillo.

¿Qué sería lo ideal si esto tiene que ser así porque le interesa a unos pocos?, pues lo más sensato sería poder salirse del sistema. Crear uno nuevo, pero para eso estamos, si no quieren modificar la Constitución, ni tampoco realizan un proyecto de país. Viven solo en la pugna de los votos y los pactos, así pierden el tiempo nuestros representantes.

AHORA ACUAMED

Ahora Acuamed, esta gente del PP no nos saquean nuestras cuentas bancarias directamente, pero lo hacen indirectamente. ¿Habrá alguna empresa pública en la que sus altos cargos, por cierto miembros del partido del PP, no estén implicados en casos de corrupción? Esta gente se ve que son gentes de negocios, por lo que hubiera sido mejor para todos que jamás hubieran entrado en política, porque se ve a leguas que lo hicieron para ponerse las botas.

Acuamed ha estado adjudicando obra pública a la empresa FCC a costes sobredimensionados, los cuales han generado millonarias comisiones para algunos, como el tipejo ese que en su casa tenía una millonada en billetes de quinientos euros.

Se estima en un primer balance, que solo alcanza a cuatro de las adjudicaciones, en las que se podría haber estafado más de veinte millones de euros. ¡No va a haber crisis si se lo están llevando calentito! Un caso de corrupción tras otro y a FCC no hay quien le meta mano, a pesar de estar implicada no solo en este caso, sino en otros muchos. Seguramente el gerente de FCC ha de ser un gran amigo de algunos del partido, les ha debido socorrer económicamente en campañas electorales, y es posible que también les haya abierto puertas a negocios con otros empresarios.

¿Por qué una empresa como FCC, que practica habitualmente la acción necesaria para que se corrompan altos cargos de la Administración no se la han fundido ya? ¿Si este es un gran problema para España y la credibilidad de las Instituciones, por qué no se le da una solución eficaz y se impone un castigo ejemplar? ¿Por qué tenemos los ciudadanos que seguir aguantando una fiscalía que ampara a los corruptores, y a unos políticos que se valen de la corrupción dentro de sus filas? ¿Qué justicia tenemos en este puñetero país?

Cuando pasen a la historia estos del PP, el país va a quedar hecho unos zorros. Esta gente nos va a dejar con una mano delante y una detrás. Endeudados hasta las cejas, con un panorama laboral de lo más precario, con una caja de pensiones apurada si es que existe para entonces. ¡Ah! y con una España de lo más fragmentada: Cataluña, que se quiere ir de España. El País Vasco que le va a la saga. Galicia que se apuntará en breve y veremos quiénes serán los próximos. Mucho de esto ocurre porque durante muchos años, además de no dialogar convenientemente, se ha permitido la concentración industrial en ciertos territorios de España, marginando o abandonando otros lugares. Entonces, se les ha exigido un mayor compromiso a esos que generan mayor porcentaje del PIB nacional, y se sienten lastrados por el resto, que pareciera que vive a costa de ellos. Si hubiéramos tenido presidentes de Gobiernos inteligentes, hubieran mirado más equitativamente y hubieran proyectado una España industrializada por igual y, sobretodo, mucho más industrializada para que el paro hubiera sido casi inexistente, pero hemos tenido zoquetes interesados en sus partidos y no en la gente de este país. Han procurado sacar tajada de sus legislaturas, en lugar de solucionar los problemas de la gente, por eso hemos llegado a donde estamos.

Ahora Acuamed, o sea, más de lo que vengo comentando. Altos cargos eludiendo responsabilidades, actuando fuera de la ley, engañando y saqueando las arcas del Estado, robando, en una palabra. Todo, por seguir el modelo hipócrita y falso de latrocinio nacional, implantado desde que acordaron un sistema blindado de oportunidades para ellos, no para los ciudadanos. Siempre han estado de acuerdo en que ellos son los primeros, después ellos y sus negocios, sus cuentas bancarias o sus cajas llenas de dinero en sus armarios, o en el de los suegros, que hacen el ridículo diciendo que a su casa va mucha gente de Ikea y muchos fontaneros. Eso tuvo el descaro de decir el suegro del sinvergüenza de Granados. Como si alguien que hubiera ido a su casa a hacer un trabajo le hubiera dejado el millón de euros que encontraron en el altillo de su ropero, ¿hasta dónde va a llegar la broma? Hay que cortar de cuajo este esperpento de gestión del país, porque nos vamos a la mierda, ¡con perdón!

EL CHORIZO DENTRO, Y EL QUE DENUNCIA A LA CALLE

Si vieron ayer el espacio televisivo "La Sexta Columna", pudieron entender cuán injusto es delatar a los corruptos que se mueven a tu alrededor. Pudimos tener el testimonio de médicos, interventores de Ayuntamientos, funcionarios, políticos, profesores, etc., que habían denunciado y destapado casos importantes de corrupción en nuestro país, y los primeros que estaban sufriendo las consecuencias eran ellos. Habían recibido amenazas, les habían aislado, les habían hecho la vida laboral imposible o, sencillamente, les habían expedientado y expulsado. Parece increíble, pero es verdad. Por haber tenido la osadía de denunciar desvíos de fondos públicos, malversación de los mismos, robo o lo que hubieran cometido sus infractores, ellos han perdido su trabajo y, lo peor, les ha quedado una mancha en su expediente, que como decían muchos de ellos, les impedía que les volvieran a contratar.

Es el sistema al revés, los corruptos se aseguran su trabajo además de robar cuanto pueden, y las personas honestas y honradas en el cumplimiento de sus funciones, por exigir transparencia y ausencia de infracciones, se quedan sin trabajo. A los Gobiernos que tanto hablan de transparencia, no se les ha ocurrido hacer una ley de protección de los que destapan casos de corrupción y luchan para que no estén podridas las Instituciones, como lo están actualmente. Las cúpulas de todos los estamentos están involucradas en asuntos turbios y actos delictivos, lo que ocurre es que no siempre hay personas valientes como las que nos presentaba el programa de ayer, para denunciar y desmontar los negocios que están realizando a costa del dinero público.

La ley está amparando a los delincuentes, pues las condenas aplicadas en estos casos que ven la luz, no sin antes haber supuesto un martirio para las personas que los descubren, es irrisoria. Se llevan millones de euros y les castigan con 2 ó 3 años de prisión, pero en ningún caso se les exigen la devolución de lo robado, y si no lo hacen que no puedan quedar en libertad. Solo así, cuando a los delincuentes no les compense haber robado y pasado por la cárcel, porque no puedan quedarse con el botín o no conseguirán su libertad; dejarán de robar.

Es indignante que la persona honrada sea marginada y cesada en su trabajo, mientras toda la camarilla que forma la trama delictiva es la que sigue llevando las Instituciones públicas, las empresas públicas, los Ayuntamientos, o son los que están involucrados en los programas de cooperación a países pobres, cursos de formación para desempleados, etc. Es que no tienen pudor alguno para robarles a los que más lo necesitan, les trae sin cuidado. Se sirven de la Administración pública y de los dineros destinados para socorrer a parte de la población más pobre, para hacer negocios privados, construcciones de apartamentos, hoteles, etc.

O como el colectivo de médicos del Gregorio Marañón que utilizaban los recursos públicos para realizar pruebas privadas, para centros privados. Es que en este país, el más tonto te hace relojes, como se dice coloquialmente. ¡Es una vergüenza! No hay derecho que haya tanto criminal suelto, contratado o metido a dedo en la Administración pública, cobrando y robando al mismo tiempo, y que las leyes sean tan blandas para con los amigos de este o de aquel cargo público, generalmente de la cúpula de tal o cual partido político. Cualquier ciudadano lo haría mejor que nuestros gobernantes, pues al no tener nada que ver con individuos de esa calaña, les daría fuerte, los castigos serían ejemplares. ¡Qué poco hacen los de arriba para proteger y velar por lo que es de todos!

REPARTO EQUITATIVO DE ESCAÑOS

Llevaba Algún tiempo, diría que desde que se celebraron las elecciones del 20 D, queriendo hacer un trabajito sencillo sobre los resultados. Siempre he pensado que lo que se debería plantear es tomar el total de votantes y repartir el total de votos entre el total de escaños del Congreso, que son trescientos cincuenta. Dividir los votos obtenidos por cada formación entre el número exigido por cada escaño, y ya está, un reparto más justo para todos, independientemente de circunscripciones y todas esas parafernalias injustas.

He ido a la página del Ministerio de Interior, para que los datos fueran lo más fiable posible y he sacado del cajón la calculadora. Estos, que os ofrezco, son los resultados a los que he llegado, una Cámara mucho más plural y más representativa de la voz de los ciudadanos.

El total de votantes fueron: 25.350.447. El total de escaños a cubrir en el Congreso son: 350. Por tanto, cada escaño necesita 72.429,85 votos. Ahora solo queda hacer una tabla en la que se indiquen las formaciones, la cantidad de votos logrados y su equivalente en escaños, según el reparto equitativo que presento.

PARTIDO	VOTOS	ESCAÑOS
PP	7.215.752	100
PSOE	5.530.779	76
PODEMOS	5.189.463	72
C's	3.500.541	48
IU-UP	923.133	13
ERC-CATSI	599.289	8
DL	565.501	8
EAJ-PNV	301.585	4
PACMA	219.191	3
EH- Bildu	218.467	3
UPYD	153.505	2

Con las formaciones representadas en la tabla se alcanzan 337 Diputados, faltarían 13 para completar la Cámara. Esos 13 se repartirán por orden de mayor a menor cantidad de votos obtenidos, a razón de un voto por formación de las que no han alcanzado el mínimo para obtener representación. De esta manera, se obtiene un Parlamento más plural, con máxima expresión de la voz de los ciudadanos.

No es justo que a algunos partidos se les exija muchos más votos para sacar un Diputado. Parece que estuviéramos en un mercado o en una lonja y se subastaran los escaños. Unos lo consiguen con más votos, y otros por la gracia de Dios, o porque son más guapos, lo consiguen con menos votos. No me parece un sistema ecuánime, sobre todo para la voz de los ciudadanos, que pierde fuerza en el Parlamento si no es de algunos de los partidos del bipartidismo. Con este reparto equitativo de escaños vemos que PP y PSOE bajan, y los que le siguen mejoran sus resultados. La diferencia de IU-UP es increíble, es temible lo que han hecho con esta formación en las pasadas elecciones. Los aranceles que les han hecho pagar han sido desproporcionados, y no se entienden. ¡La Ley electoral se ha de modificar o cambiar por otra más justa!

EL OLVIDO DE LOS REFUGIADOS

Nadie habla de los refugiados, ningún informativo sigue a pie de alambrada a esta pobre gente, que ha de estar padeciendo todas las miserias de los campos de concentración. No hay cámaras de gas, pero hay hambre, humedad, barro hasta las rodillas y muchos grados bajo cero. Todo un escenario dantesco y propicio para enfermar y morir. ¿Es eso lo que espera la UE para solucionar el problema de los refugiados?

Todos estamos de acuerdo de que el problema hay que solucionarlo en origen, allá en sus países, pero quién le pone el cascabel al gato. ¿Quiénes tienen el poder de poner fin a la dictadura, al terrorismo, a la guerra y a la hambruna en los países de donde procede toda esa gente? Está claro que de haber unas óptimas condiciones en su tierra, no se lanzarían a esta mortal aventura, que miles y miles de personas, están protagonizando por miedo principalmente.

¿Por qué los seres "humanos" somos tan insensibles con el problema ajeno?, estamos viendo que las familias enteras están viviendo en esas condiciones, al raso, y van a perecer. Son condiciones terribles y crueles para poder sobrevivir, en especial para niños y ancianos, personas enfermas o desvalidas. Los Estados no pueden cerrar las puertas y decir que no hay recursos para todos. Hay que movilizarse mundialmente para transportar solidariamente alimentos y lo básico para subsistir, para que todas esas personas se puedan refugiar de las inclemencias en algún lugar, y puedan comer a diario.

Las fronteras se han de abrir para que todos puedan llegar a donde se lo propongan. A esa gente y a esos países que acojan, hay que ayudarles desde todas las zonas del Planeta. Esto es un hito en la historia mundial, tan solo se dieron movilizaciones tan abultadas en la segunda guerra mundial, ¡hay que socorrer a estas personas!

Cuando la movilización comenzó, la UE sacó pecho y dijo que se repartirían a los refugiados, ahora todos los países que la integran han reculado y están dejando que la gente esté en condiciones infrahumanas. Vuelvo a decir que no es exactamente un campo de concentración, ni hay cámaras de gas, pero esta situación se parece a aquel dantesco escenario.

La solidaridad juega un papel esencial en toda esta causa. No vale hacer negocio de esto, no vale que unos quieran dar créditos a otros para que puedan dar de comer a los refugiados, nadie tiene que hacer las veces de un banco y otros de Estado hipotecado y endeudado. Hay que mandar recursos, alimentos, productos necesarios e imprescindibles a aquellos países que abran sus puertas, y hay que hacerlo desde todas las partes del mundo en un gesto de solidaridad y humanidad.

¿Se volverá el hombre, en algún momento, realmente inteligente y humano, dejará de hacer uso de las armas, de las amenazas, del odio y la rivalidad? ¿Será capaz el hombre de manifestar amor por sus semejantes, y comprender que un mundo mejor es posible?

FALSA ESTABILIDAD

Últimamente, la gente solo habla de estabilidad, pero es que no sé a qué se refieren, ¿les ha parecido a ustedes que la última legislatura ha sido estable?, ¿consideran estable que el Gobierno imponga cada viernes un decreto por sorpresa, que casi siempre representa para los ciudadanos la pérdida de algún derecho?, ¿es eso estabilidad?

Los últimos cuatro años han sido los más convulsos que he conocido en mi vida. No han ocurrido más cosas, ni han brotado más casos de corrupción, porque no ha habido tiempo material para ello. Los funcionarios han perdido las pagas extraordinarias. Los salarios de los ciudadanos han sufrido varios recortes en los cuatro años. Las pensiones están casi congeladas. La luz ha subido un ochenta por ciento. Ha habido cincuenta subida de impuestos. El país se ha salpicado de corruptos en toda su geografía. El mismo partido del Gobierno se ha demostrado que llevaba una contabilidad "B" o que pagaba las reformas de su sede con dinero negro, o sea, que está y opera fuera de la legalidad. ¿A esto le llaman algunos tener estabilidad?, y si es así, para quién es la estabilidad, porque para los ciudadanos no lo es.

La gente llama estabilidad a que no cambien las cosas. La gente tiene miedo al cambio, es eso lo que sucede. Y para que las cosas sean diferentes o resulten distintas, hay que hacer o actuar de otro modo. Así se alcanzarán nuevos objetivos. El inmovilismo representa aquello que es incapaz de progresar, porque está estancado y limitado. Europa nos tiene encorsetados y endeudados, porque aún no hemos tenido un Gobierno capaz de crear un proyecto de país autosuficiente. En la lucha por el poder, y en la vanidad de decir: "hemos ganado las elecciones" se les van todas las fuerzas. Necesitamos nuevos actores que comprendan lo que realmente está sucediendo en este país. No podemos seguir arrodillados a los pies de los inversores, debemos ser capaces de generar por nosotros mismos. Tenemos que industrializarnos y hacernos una potencia productiva, tecnológica e investigadora. Mientras no lleguen los que entiendan esto, viviremos por encima de nuestras posibilidades como país.

Dependiente de los inversores no se puede vivir, porque el negocio de esta gente está deshumanizado y arrasarán con todo lo que obstaculice el buen desarrollo propio, de ellos, su enriquecimiento y obtención de los beneficios que proyectan obtener. Esto lo tenemos que tener claro desde ya. La solución no es que nos dejen dinero y nos endeudemos, como hasta ahora. Ya han visto que con el "Gobierno de la estabilidad" la deuda ha alcanzado casi el cien por cien del PIB. Cuando empezaron a gobernar era del sesenta y ocho por ciento. No se puede seguir llevando al país gastando más de lo que se genera, hay que ajustar los costes, y como venimos viendo ha habido una cantidad tal de casos de corrupción, que cada uno de ellos ha supuesto miles de millones de euros gastados de más en sobrecostes de adjudicaciones, comisiones y saqueos a pelo, de ciertos individuos que no se explica para qué han entrado en la función pública. Bueno, ahora lo sabemos, para enriquecerse a costa de todos nosotros. ¿Esta es la estabilidad que quieren y propugnan muchos?

Ayer tuvimos la macro redada en Valencia, en pleno seno del PP. De nuevo el bandolerismo golpea al Partido Popular y a su gente, y es tan frecuente en estos últimos tiempo, que le hace a uno pensar, irremediablemente, que estos han venido a forrarse.

Lo lamentable de estos casos de corrupción es que siempre pagamos los mismos, los ciudadanos, los que solo pusimos nuestros votos, dándole nuestra confianza a gente que nos traicionan. Cada caso de estos avala grandes cantidades de dinero público que se han malversado. Son adjudicaciones a las que se han inflado los costes para que devenguen comisiones para la gente del partido y, en algunas ocasiones, para la financiación del partido mismo.

Lo interpreto como una expoliación de lo público, es como el que inspecciona ilegalmente un lugar de interés arqueológico y se lleva lo que se encuentre. Pero, aún, la corrupción es peor, es un daño más directo a la población española, les empobrece cobardemente haciéndose valer de las personas que ostentan cargos públicos. En esta ocasión, han caído veinticuatro personas involucradas en saqueos a la Comunidad valenciana. Posiblemente, conforme avancen las investigaciones caerán muchos más, y los que de momento no lo han hecho es porque están aforados, como: Rita Barberá.

Como se oyen algunas voces: "no es que haya alguna manzana podrida en el cesto, es que es un cesto de manzanas podridas". Eso está resultando la legislatura de estos cuatro últimos años del PP. Son gente que han entrado en política, ex profeso, para delinquir. Nos lo demuestran en cada Ayuntamiento, en cada departamento de la Administración que sea investigado por los agentes de la UDEF. El fraude fiscal, las comisiones, el blanqueo de dinero, las empresas pantallas o los paraísos fiscales, surgen de inmediato apenas se les investiga. En esta legislatura se ha hecho una gestión catastrófica, se ha producido un abandono de funciones que es bestial, se ha aprovechado el estado de animo de la población, contagiado del pesimismo provocado por la crisis, para saquear las Instituciones a plena luz del día.

Estamos peor de lo que deberíamos estar, y somos más pobres de lo que deberíamos ser, o estamos más endeudados como país, porque nuestros representantes políticos se han organizado en tramas criminales, para llevarse los dineros a espuertas. La crisis habrá hecho lo suyo, pero los actores políticos han terminado de dejarnos en paños menores. Ellos pasan cuatro años por aquí y después se retiran millonarios, a base de pelotazos que vamos a pagar entre todos. Cuando el político roba, nos roba directamente de nuestros bolsillos, pues la Administración no tiene nada que no sea desembolsado por todos nosotros; así que todo esto es demasiado serio como para que sigan gobernando manzanas podridas. Este panorama no es una lucha de colores, a ver quién ensucia más la imagen del otro. Esto es algo más crítico, es muy grave lo que está ocurriendo en España. Los casos de corrupción se suceden, los delincuentes siguen por la calle, las penas son de risa, los dineros siguen perdidos por los paraísos fiscales, esperando a que los infractores salgan de prisión. No se exige la devolución de los mismos. El partido del "desgobierno" pone palos en las ruedas de la justicia, no atiende las peticiones de los jueces, rompe los discos duros imprescindibles para una investigación que les afecta. Paga las reformas de sus sedes con dinero negro y siguen "desgobernando". Aquí no hay quien diga nada. No hay una ley prevista para echarles de la poltrona y siguen robando por toda la geografía del país. ¿Dónde está la transparencia que tanto pregonan?

FELIPE GONZALEZ, GIRO A LA DERECHA

¿Dónde se ha quedado el Felipe González que luchaba en la clandestinidad contra el franquismo?, ¿qué ha quedado de él? Ahora, se nos muestra un Felipe González, que es menos de izquierda, y que es menos obrero. Vemos a un Felipe González que anima a Pedro Sánchez para que se abstenga y de paso a que gobierne

Mariano Rajoy, ¿esto de qué va?, yo me he perdido, lo prometo.

Las puertas giratorias, entrar en los consejos de administración de las multinacionales o asesorar a millonarios como Carlos Slim, te hace olvidar de dónde vienes o quién eres. Felipe González, al contrario que el resto de los currantes españoles, no se ha enterado de nada porque su status se lo ha impedido. Ser millonario le ha evitado estar afectado por las políticas austeras y de recortes que hemos vivido estos últimos cuatro años. Esto le ha hecho que no vea con malos ojos a la derecha española, tanto es así, que ahora tiende o péndula hacia el centro derecha. Entremezclarse en demasía con los del IBEX 35 tiene esas cosas, que debas defender lo que a ellos les viene bien, así que propugna la misma estabilidad de corrupción que hemos tenido en esta última legislatura.

El defensor de la integración de España en la comunidad europea, es el mismo responsable de las políticas que entre 1982 y 1995 dieron pie a todo lo que desde entonces ha ido sucediendo. Comenzaron las privatizaciones bajo el gobierno de Felipe González, como: SEAT, ENASA, ENDESA, REPSOL, ARGENTARIA o TELEFONICA. Algunas de ellas se privatizaron en parte y Aznar se encargó del resto. Abrió las puertas a los inversores extranjeros, provocando que estos influenciaran directamente en el ejecutivo del país.

Basta con leer el **Informe Petras**, que se puede encontrar en Internet, para darnos cuenta de que no todas las políticas eran tan socialistas, ni tan obreras, ni tan españolas. Además de comenzar las privatizaciones a las que me he referido y al dominio de ese capital externo sobre nuestras políticas, poco a poco, germinaba en el tiempo la precariedad en el trabajo, conduciendo el mercado laboral hacia la temporalidad y las bajadas de los salarios.

Se comenzó a legislar por decreto ley, excluyendo al colectivo social, empobreciendo la democracia y la participación de los ciudadanos en los cambios que afectaban al país. Todo ello, produjo un distanciamiento progresivo entre Estado y ciudadanos, que ha ido representando la pérdida de derechos legítimamente conseguidos por la gente.

Tal como avanzaban las políticas de Felipe González, los mercados (los grupos inversores) tenían un papel más protagonista, y se fue exigiendo mayor subordinación a los movimientos sociales. Se ha valido de fomentar entre la población el miedo y la inseguridad, haciéndoles creer que su lucha por los derechos significaba desestabilización para el país. De esta forma, la clase política se ha ido haciendo más autoritaria, al mismo tiempo que ha derivado hacia el enriquecimiento personal y la corrupción desenfrenada, convirtiéndolo en un mal endémico del sistema político.

Felipe González fue forjando un modelo productivo basado en los servicios: Banca, especulación, bienes inmobiliarios y turismo. Todo ello en detrimento de la industria, la ganadería, la agricultura, la pesca o la minería. Ha basado nuestra economía en los dineros, que tan alegremente, se fueron recibiendo de Europa, sin prever que esto ha ido incrementando la deuda y los intereses a los que hemos tenido, y seguimos, haciendo frente.

Como mencioné antes, Felipe González, también es responsable de la deriva laboral hacia la precariedad. El encontró una situación diferente, en la que quien tuviera trabajo y no saboteara las normas de la empresa, seguiría en la misma empresa hasta que se jubilara. Sin embargo, las políticas fueron propiciando que las generaciones venideras fueran teniendo un status social peor al que tuvieron sus padres, mayor incertidumbre e inseguridad en el trabajo, lo que ha ido provocando que los jóvenes no puedan proyectar su futuro, que no abandonen el hogar familiar, o que tengan baja autoestima. Todo esto se ha ido macerando a lo largo de los años, porque las políticas aplicadas o impuestas desde los Gobiernos de Felipe González hasta nuestros días, han tratado de ajustarse a un modelo neoliberal que ha reemplazado al Estado de bienestar. Dando lugar a una sociedad más estratificada, creando una mayor brecha social entre ricos y pobres, a la vez que ha ido desapareciendo la clase media.

El índice de desempleo se ha ido incrementando, progresivamente, conforme nos hemos ido incorporando más plenamente en la U.E. No comprendo dónde ha estado la ventaja de que el PSOE de Felipe González comenzara esta andadura, pues, simultáneamente, se incrementaban las adquisiciones de empresas españolas por parte de capital extranjero.

Esto es un pequeño extracto del informe que mencioné al principio del escrito, y que creo que es de interés para todos. Así podremos enterarnos que todos los políticos en este país han remado en las aguas del neoliberalismo, más encarnizadamente o menos, pero sin dejar de hacerlo por el bien del poder monetario, los grupos inversores, la banca o los empresarios. Todos, desde el principio, cayeron en las redes de la seducción por las alturas y el lujo, sin el menor pudor por los principios que estaban asentando, aunque ello perjudicara o deteriora, progresivamente, el bienestar general de los españoles, como así ha sido. ¿Qué ha sido de "Isidoro", aquel joven abogado de Dos Hermanas?

EL REY DA LA OPORTUNIDAD AL PSOE

Ayer con la propuesta del Rey, de que Pedro Sánchez intente conseguir los apoyos suficientes para conformar un Gobierno, parece que comienza a desbloquearse la postura mantenida por los partidos políticos. Ha llegado el tiempo de pensar en la gente, a ver si esta vez es posible que los ciudadanos pintemos algo en toda esta lucha de sillones. No habrá Gobierno si incurren en la falsa de las sillas, y sí habrá Gobierno si ponen los programas encima de la mesa y seleccionan los puntos que tengan paralelismo, para confeccionar con ellos un programa común en el que ninguno se eche para atrás.

Pero si miran por los colores y las siglas, y los anteponen a los intereses de la población española, estamos perdidos; habrá nuevas elecciones. No están los tiempos para imposiciones como hacen algunos, pero tampoco está bien que se pierda el tiempo infamemente. Es fácil, se sacan adelante los puntos donde coinciden o se aproximan y apuntan en la misma dirección; el resto que cada cual proponga temas y se sometan a votaciones de toda la cámara. Es que no hay más.

Si PSOE no quiere nada con PP, que yo tampoco querría tras los cuatro años de decretazos y recortes, que se agrupen el resto de formaciones, siguiendo las directrices marcadas por las aproximaciones de sus programas de gobierno. Y que cada una de esas formaciones, proponga y defienda sus propuestas que ideológicamente no coincidan con las del resto, para que sean aprobadas o rechazadas por votación de todos los Diputados.

Si se quiere, se puede, es cuestión de voluntad política. Algo que tanto se han tirado a la cabeza unos y otros, la voluntad política, pues que lo demuestren ahora que tienen la oportunidad de aplicarla. Que dejen los miedos y las amenazas a un lado, y que dialoguen. Que contemplen al conjunto de los españoles, y que trabajen para obtener el bienestar general y social perdido en los últimos años. Que luchen por una España más puntera en industria, tecnología e investigación, y podremos ver que a la larga nos va a ir mejor a todos. Que expulsen a todos los corruptos, y a aquellos que les han dado cobertura en las Instituciones públicas. Que apliquen castigos ejemplares a los malvados y a los chorizos. Que les obliguen a devolver lo robado, y que no salgan de la cárcel hasta que hayan resarcido a la sociedad del mal que hubieran provocado.

A mi ya no me importan los colores o las siglas, me importan lo que vayan a hacer o proponer que se haga. Me importan los programas, y me importa que les importemos a nuestros políticos. Quiero que los políticos se bajen de la nube y pisen el suelo, que salgan a las calles y vean la situación real, no por los telediarios sino con sus sentidos y en directo, mezclándose con la gente, escuchándole y respondiendo conforme a la demanda social. Quiero que dejen de estar presos de los grupos inversores, de la banca y de los empresarios. Quiero que lleguemos a ser un país autosuficiente para no tenernos que enorgullecer que esto o aquello se hace con capital europeo, pues eso que se dice tan alegremente incrementa nuestra deuda, nos empobrece más.

La dependencia es mala y la cooperación es buena. Un país endeudado es dependiente del que le presta dinero, tanto es así, que llega a perder su soberanía a favor de las peticiones del otro. Esto no es bueno para nosotros, debemos saber estar en la UE pero no para volvernos locos pidiendo ayudas, ¿alguien se cree que son gratuitas? Estar en la UE tiene sentido cuando es para conformar una Unión fuerte, que crece al mismo ritmo, que progresa y se enriquece como conjunto. Que comparte adelantos científicos, tecnológicos y llega a ser una gran potencia en todos los sentidos. Esto es lo que deben tener claro nuestros políticos.

OTRA VERSIÓN DE LOS HECHOS

Ya que los medios de comunicación son tan sensacionalistas y amantes de echar a pelear a unos contra otros, me gustaría hacer una lectura diferente, suponiendo que los buenos no son tan buenos, ni los malos son tan malos.

Las noticias llevan atacando a PODEMOS desde su nacimiento. Esto puede deberse a que España ha dejado de estar acostumbrada a una ideología de izquierda, puesto que el remanso de haber estado gobernando en alternancia: "ahora tú, ahora yo", logró la centralización de las políticas. Así la izquierda fue desplazándose y dando cobijo a los empresarios y a los banqueros más que a los obreros.

Que el dinero esté cerca de aquellos se ha difundido como si fuera estabilidad, así los que más han tenido, han conseguido ser más ricos al mismo tiempo que los pobres son más pobres. Con los años es lo que obtuvieron tanto PP como PSOE, ni la derecha era tal derecha, ni la izquierda era tal izquierda. Tampoco era socialista y mucho menos obrera. Con sus políticas hemos perdido gran parte de los derechos que los ciudadanos disfrutábamos.

¿Dónde está el cuento que vienen difundiendo?, ¿dónde está el lobo?, ¿hay algún lobo? Creo que lo que sucede es que España ya no tenía costumbre de tener una izquierda, ya no se escuchaban voces que hablaran a favor de los ciudadanos, y a esto se le ha dado en llamar populismo, que como la misma palabra significa: "lo que quiere el pueblo". ¿Queremos mejor lo que quieran los empresarios, los políticos o los banqueros? España ya había dejado de luchar por los intereses del pueblo, y esto ha sentado mal a la clase acomodada que se vale de las Instituciones para hacer de ellas lo que venimos viendo: La cueva de Alí Babá.

Más recientemente, se ha vuelto a interpretar mal que Pablo Iglesias propusiera no perder más el tiempo, y sabiendo lo que quiere para el país y para sus ciudadanos, ante el bloqueo de los que hasta ahora representaban a los partidos de la alternancia, propuso un Gobierno para empezar a trabajar ya. Todos le tachan de querer sillones, de humillar al PSOE, y todas esas infamias que se vierten tan fácilmente contra PODEMOS apenas se tiene lugar para ello. ¿Por qué no se puede pensar de esta otra forma? Si tienes claro lo que quieres hacer, y los otros no salen andando, dejas la presidencia al que ha sacado solo trescientos mil votos más que tú, pero repartes el Gobierno, porque para poder legislar hay que tener un lugar que lo permita.

Hay miedo, mucho miedo a las políticas de izquierda que defiendan a los ciudadanos porque todo se ha ido construyendo a la sombra de los del dinero y con la complacencia de estos. Por tanto, todo aquel que se atreva a desafiarles y a desmoronarle el castillo de naipes, es ofendido y, a ser posible, retirado del campo de acción. Es por ello, por lo que no dejan de ofender a PODEMOS y a Pablo Iglesias. Han piado mucho, le han largado cientos de trapos sucios, pero todavía nadie les ha podido llevar ante la justicia, ¡por algo será! Venezuela, Irán, sus programas de televisión, que cobran como los de la casta… pues los mismos que los acusan saben que en los ayuntamientos que gobiernan han propuesto en Pleno reducir los salarios de todos los Concejales y, precisamente, los del PP, PSOE y C's, se niegan a reducirse sus salarios y con ello el gasto público. ¿Entonces, de qué estamos hablando? Hay demasiados tiranos disfrazados. El centro aparente está lleno de lobos con piel de cordero.

Erase una vez un país en donde todos los de trajes robaban. Ninguno de ellos se dedicaba a trabajar para el pueblo sino que empleaba su tiempo en hacer negocios a espaldas del fisco. Todos decían que antes de ser nombrado a dedo, ganaban más dinero, pero ninguno se marchaba sino que preferían seguir robando.

Los habitantes de aquel país llevaban cuarenta años pagando dos o tres veces lo que valían las obras que hacían. Debían ser tontos, porque con esos trajeados, el ladrillo y el cemento los pagaban más caros que cualquier mortal. Sus obras eran las más costosas del Planeta. Claro, que al mismo tiempo que hacían obras, los trajeados se enriquecían más y hacían campañas más pomposas.

En ese país los trajeados siempre hablaban de democracia, pero llevaban cuarenta años dando cargos a dedo, todavía se pelean para que se instalen las primarias o para que se haga una ley electoral justa. Hablaban de democracia, se les llenaba la boca, pero tenían pavor a que los pueblos que componían ese país, votaran.

Los trajeados de ese país tenían tan poca catadura moral y tan poco corazón, que robaban los dineros que venían para paliar las desgracias sociales que ellos mismos habían generado con su pésima gestión. ¡Un trajeado de esos, se llevó el dinero que era para ayudar a pueblos pobres de Latinoamérica! ¡Otros trajeados robaron el dinero que llegó para las personas desempleadas que no tenían ingresos! ¡Y otros trajeados, robaron los dineros que venían destinados para la formación de personas, igualmente, desempleadas!

En ese país los trajeados le llamaban estabilidad a esa situación de latrocinio continuado. También era estabilidad para ellos hacer lo que les salía del bajo vientre, o imponer a base de decretazo los consejos de sus amigos los empresarios, banqueros y políticos extranjeros que nadie había votado en ese país, en lugar de escuchar a los ciudadanos.

En ese país se dio en llamar: "Crecer económicamente más que nadie en Europa", a que los ricos hubieran aprovechado la crisis para ser más ricos, y que los pobres fueran más, y mucho más pobres. Los trajeados se habían cargado a la clase media de ese país y todos los derechos de los trabajadores. Mientras hicieron todo eso, los dineros se lo estaban llevando a espuertas a paraísos fiscales, en bolsas de basura o en maletas, y en billetes de quinientos euros.

Casi al final del cuento grabaron un video para decir que habían tenido poca piel. ¡Lo que no habían tenido es ni un ápice de vergüenza! Los trajeados de ese país llevaban cuarenta años haciendo leyes, que ellos mismos se la saltaban a la torera. Sus amigos los jueces miraban hacia otro lado o les imponían las penas más livianas. Pero fue tal el escándalo de corrupción en aquel país, que el que "mandaba" tuvo que reunirse con todos ellos para advertirles de que a partir de ahora ya no se dejaría pasar ninguna. ¡Qué lástima, se les acababa el chollo a partir de ahora!, ¿antes qué?... y colorín colorado, este cuento no se ha acabado... me apuesto lo que sea.

UNA MEJORA ECONÓMICA QUE NADIE PERCIBE

Si vieron anoche, en la Sexta TV, al Presidente Revilla, se llevarían una impresión un tanto desconsoladora del resultado de los últimos cuatro años de "desgobierno", que hemos tenido en España. Vino a decirnos que del total de personas que trabajan actualmente, casi la mitad ganan menos de mil euros, y de esta mitad, hay casi un seis por ciento que no llegan ni al SMI, 645 .

Por otro lado nos dijo que la masa salarial de todos los españoles a finales de 2011, cuando se hizo cargo Rajoy del "desgobierno", era de quinientos treinta mil millones de euros. Sin embargo, a finales del 2014 había descendido en cuarenta mil millones de euros, hasta los cuatrocientos noventa mil millones de euros. Esto representa la depreciación de los salarios de los trabajadores de este país. Y no hablemos del millón y medio de familias que no tienen ingresos, o de los veinte mil millones de euros que hemos tenido que pagar, de más, en impuestos. O sea, que no solo han caído los salarios, sino que hemos tenido que hacer frente a un mayor desembolso tributario. ¿España va bien?

Además de todo eso, hemos tenido que soportar una corrupción, sistémica, Institucional y generalizada, que nos ha costado cantidad de miles de millones de euros. Sin entrar en la evasión de cantidades semejantes a paraísos fiscales, que se convierten en millones de euros que no tributan en "Hacienda somos todos, menos los que evaden capitales", que marean los dineros de un paraíso a otro, y de una empresa pantalla a otra, o de un testaferro a otro; así hasta que le llega el dinero blanqueado. ¿Esta es la locomotora económica de Europa?, ¿dónde está el milagro económico español, Rato, para más señas? ¡Qué desastre!, pero tenemos que estar contentos porque Rajoy ha dicho que esto se ha acabado y "ya" no se le pasa a nadie ninguna.

Añadió Revilla, que nadie hablaba de terminar con los paraísos fiscales, porque los poderosos que los mantenían eran los mismos que nombraban o quitaban dirigentes en los países. Eran los que aprobaban o desaprobaban políticas, en definitiva, eran los que mandaban, y esto lo añado yo: "son los que juegan al Monopoly con nosotros".

El manejo de estos individuos y de los que nos "desgobiernan" es execrable, digno de meterles entre rejas. Son ellos los culpables de las miserias y el abandono que padecen las poblaciones del mundo. Están reventando la ilusión de generaciones que han trabajado, se situaron en un nivel social y económico, para dejarles a posteriori sin trabajo o pobres. Y a los más jóvenes les han truncado las ilusiones de futuro. Han eliminado la clase media de un plumazo, las mejoras que dicen han provocado, no llegan a los ciudadanos, y lo cierto es que el país se ha endeudado hasta el cien por cien del PIB.

Esto nos sucede por permitir que jueguen con nosotros, por aceptar un modo de vivir hipotecándonos, a base de créditos, y dejarnos influir por la falsa generosidad de estos voraces personajes, yonquis del dinero, que nos vendieron facilidades para adquirir mucho de lo que no era una verdadera necesidad, con unos intereses desmesurados. Esa gente es especialista en la usura, hay que tener mucho cuidado con ella, es realmente peligrosa. ¡No compres nada más a plazos, si no puedes alcanzarlo, déjalo en la tienda!, ¡si quieren que compremos, que den trabajos bien remunerados!

Esa gente viene a enriquecerse a nuestra costa, no tiene cabida aquí. Deben dejar de seguir comprando a nuestros políticos, y estos deberían dejar de venderse.

EL DOBLE RASERO DE MEDIR

El Ayuntamiento de Valencia ha gastado treinta millones de euros en bombillas Led. Adjudicaciones de las que se encargaron Alfonso Rus y Rita Barberá. En las facturas se cargan las bombillas a ciento cincuenta euros. Lo malo es que el precio real de las bombillas es de setenta y cinco euros. Lo que quiere decir que quince millones de euros han ido a la buchaca, como vulgarmente se dice.

Todo el PP de Valencia bajo investigación, tanto es así, que tienen que poner una gestora para que se haga cargo del partido en Valencia, mientras se sigue la pista a lo sucedido en esta Comunidad. Rita Barberá esquiva las balas como puede, encerrándose en su domicilio, tras sentirse parapetada por su aforamiento.

Hace unos días dijo Rajoy que ya no se dejaba pasar más ninguna, y pronto ha tenido que rectificar, seguramente, porque lo que hay detrás de Rita ha de ser tan gordo, que han comprendido que lo mejor es volver a agachar las alfombras para que no se pueda ver la mierda que se encuentra bajo ellas. El PP ha salido por peteneras, o mejor a ritmo de samba, ya que estamos en tiempos de carnavales, y ha hecho una maniobra de equilibrista para permitir que Rita quede aforada hasta en el caso de que hubiera que celebrar nuevas elecciones. El premio a la corrupción es concederle que sea Senadora de la Diputación permanente del Senado.

Todo esto no es nada, no tiene la menor importancia. Tampoco que los Pujols sigan en la calle y moviendo dinero negro por los paraísos fiscales, o que Rato esté haciendo más de lo mismo. Que el PP parezca un partido apestado de corrupción: Gürtel, Púnica, Bárcenas, Palma de Mallorca, Aristegui, No'os, De la Serna, etc., ¡nada de esto es escandaloso! El guiñol de Madrid si que les ha parecido a todos los que vienen soportando mucha mierda a su alrededor sin chistar, un auténtico aquelarre. Han salido de su silencio aplastante, espadas en todo lo alto, dispuestos a hacerles la guerra a los titiriteros del guiñol. De momento llevan tres días encerrados, sin fianza, como si hubieran puesto una bomba en el centro de Madrid. ¿Cuántos raseros tienen los que tanto exigen a los que son ajenos a su partido?

No hay un ladrillo que se pueda mover sin que aparezcan billetes de quinientos euros, de esos que no han tributado en Hacienda y, por supuesto, casi siempre vienen detrás los nombres de los responsables que los pusieron allí, que casualmente suelen ser del mismo partido que se las está llevando todas últimamente. Al PP les llueven las tortas por detrás y por delante, por la izquierda y por la derecha; "¡pero el guiñol es la desvergüenza más grande que se ha hecho en este país desde que murió el Caudillo!".

Estoy consternado por el volumen que pueden alcanzar ciertas historias, cuando los intereses políticos de volcar mierda sobre alguien, así lo pretenden. Sin embargo, esos mismos descargan de toda responsabilidad a cantidad de chorizos que tienen alrededor, con los que se sientan en la misma mesa o en la misma bancada. El panorama político español es una vergüenza y da verdadera repugnancia. Hay una absoluta falta de transparencia, cometen ciento y una triquiñuelas delictivas para financiarse ilegalmente, adjudican muy por encima de sus precios reales de mercado. Benefician a amigos, tanto en las contrataciones como en las privatizaciones. Hunden el país sin el menor remordimiento y los ciudadanos les importamos un huevo. Blindan sus privilegios, manipulan a los jueces, indultan a quienes les convienen y utilizan su posición para hacer negocios privados en lugar de cumplir con las funciones que se les suponen y para las que fueron elegidos. Dan puestos de trabajo en las empresas públicas, a veces, hechos a medida para algunos de sus compañeros. Y al final de sus carreras políticas, cuando ya no son rentables para el partido, les retiran al Senado, dándoles la jubilación dorada, o bien, se abre la puerta giratoria de turno. A pesar de todo, "¡Qué maldad la del guiñol y los titiriteros!".

LA BANDA CRIMINAL DEL PP

Cuando un Presidente de Gobierno proclama a los cuatro vientos que ya se ha acabado la corrupción, y que no se pasa a nadie ninguna, pero de seguida blinda a la exalcaldesa de Valencia; esto tiene una lectura para mí, que Rita ha actuado según las órdenes del partido, y claro, Mariano Rajoy Brey es el que manda en el partido.

¿Qué quiere decir esto? – Pues que Rajoy es el responsable de lo que ha venido pasando en el PP, y que teme que si inculpan a Rita, esta pueda hablar en su contra. Por eso, ha actuado con ella de este modo, ofreciéndole el burdo blindaje del aforamiento permanente; tal como hizo, también, con el señor de la Serna. Quiere decir esto, que el PP tenía bien trazadas todas las formas de obtener dinero, por lo general negro o saqueado, a través de la intervención de ciertos cargos de cada Comunidad Autónoma, y cuando se les ha pillado, sale el PP al paso para parapetarles.

Los jueces no se equivocaron cuando tacharon al PP de banda criminal para delinquir. A cada segundo que pasa estoy más seguro de que es así. Las malas artes con las que han procedido los altos cargos del PP, incluido su Presidente al frente, ofenden la sensatez, el sentido común y la dignidad de todos los ciudadanos. Esta banda criminal es, y ha sido, un insulto para la ciudadanía, un medio que colabora al empobrecimiento y endeudamiento de España. Todos tienen sus caras enrojecidas, salvo los alrededores de los ojos. Ellos dicen que es de esquiar, y yo les digo: ¡pero si este año no habéis dejado ni nieve! Es de llevar el antifaz negro, típico de los cacos.

He oído que Compromís ha cursado una petición, ante la Audiencia Nacional, para que ilegalicen al PP, y sinceramente, es lo más honesto que se podía proponer. Hace falta que se den lecciones de ejemplaridad, y el PP se las ha ganado muy merecidamente. Ellos solitos se han ido cavando sus propias tumbas. Ellos solos se han ido metiendo en la mierda, y ahora se asfixian en ella. Los brotes de peste en el PP surgen en todas las Comunidades en las que han gobernado, un ejemplo más para comprender que el totalitarismo de un Gobierno con mayoría absoluta, es un grave error para el bien de todos cuando la falta de honradez y honestidad es tan acusada.

Si los jueces no estuvieran nombrados por los políticos, y las leyes no tuvieran los atajos que tienen para favorecer a los delincuentes de traje y corbata, ya se hubiera disuelto el Gobierno por falta de personas para gestionarlo, pues estarían todos en la cárcel. Ya sé que todos, quizá, no sean iguales, pero no sé de ninguno que se dirija a los juzgados a denunciar al que tiene al lado por estafa o corrupción. Son los periodistas, en su labor de investigación, los que están descubriendo las vergüenzas ocultas de nuestros políticos; aunque después aparezca Esperanza Aguirre diciendo que ella destapó la trama Gürtel.

¿Por qué los ciudadanos tenemos que soportar todo esto? ¿Por qué tenemos que pagar a gente tan traicionera? ¿Por qué los ciudadanos no podemos romper todo este sistema corrupto, para crear algo diferente en el que no quede ningún integrante de las bandas criminales organizadas actuales? ¡Viva la lucha anti sistema, porque con el actual no podemos vivir sin que nos roben!

UNA GRAN MENTIRA

No podemos seguir en manos de los inversores, porque les concedemos todo el poder a ellos. Nuestro país no se puede permitir tener secuestrada la soberanía. No podemos seguir viviendo por encima de nuestras posibilidades, como se viene haciendo, endeudando el país al tiempo que se solicitan más y más ayudas a la UE.

Con todo el dinero que nos han robado nuestros políticos, cuántas fábricas se podrían haber instalado en España. ¿Esos son los patriotas, los que nos han estado saqueando? Lo peor de todo, es que muchos de ellos continúan en la política, en grupos mixtos porque fueron expulsados de sus partidos, pero reenganchados con tal de seguir cobrando de lo público, y otros parapetados en el Senado.

Nos hacen falta políticos honestos y honrados. Nos hace falta un proyecto de país que sea capaz de ser autosuficiente, para evitar el endeudamiento al que me refería antes, y para que el poder no estuviera en manos de organizaciones ajenas al país, o de grupos de gánsteres. Lo que nos toca vivir tal como están calculadas las cosas, es una gran mentira. Algunos se han pasado años gestando un sistema, en el que se ha previsto la protección de los delincuentes de guante blanco, traje y corbata. Asimismo, se ha cuidado meticulosamente el blindaje del sistema bipartidista, el aforamiento de los políticos para sacarlos de la justicia ordinaria, se ha previsto el nombramiento a dedo de los cargos necesarios para facilitar el desfalco de las Instituciones. Se ha burlado e ignorado a la ciudadanía. Todo se ha amañado en beneficio de los políticos y grupos de poder, por eso vivimos una gran mentira, contra la que poco podemos hacer con las leyes actuales que tratan de cerrarnos las bocas e inmovilizarnos.

El sistema hace tiempo topaba con las fuerzas sindicales, pero también encontraron la forma de comprarlas mediante la subvención y la concesión de privilegios. El panorama laboral también se lo han cargado, generando una alto índice de paro, que ha ayudado al temor por la pérdida del puesto de trabajo y a aceptar pésimas condiciones laborales, tanto por los ridículos salarios, como por las muchas horas que se tienen que trabajar, sin que sean abonadas por parte del empresario. Al mismo tiempo, se ha incrementado el fraude con la Seguridad Social y con Hacienda. Trabajadores a los que se les da de alta por algunas horas, pero a los que se les exigen jornadas de diez y doce horas. Por otro lado, cada día las empresas le ocultan mayores cantidades de dinero a Hacienda. Desde que empecé a trabajar hace cuarenta años, he conocido las cajas "B" en todas las empresas donde he estado, todas engañan a la Administración. No podemos obviar que hay cantidad de gente sin empleo, o muy mal remunerada, que trata de hacer algo por su cuenta para completar sus ingresos, y lo hacen en negro.

Este es el país que nos dejan los cuarenta años de políticas y oscuridades. No voy a decir que nada han hecho, pues en todos los órdenes de la vida en nuestra sociedad ha habido adelantos, mejorías y bienestar, pero, insisto, si no nos hubieran robado como lo han hecho todos, tendríamos una España rica, saneada y en condiciones de ofrecer trabajo a todas las personas, pero los políticos pronto se dejaron comprar por los empresarios, y a estos no les interesa el pleno empleo, por eso, el paro nunca descenderá como a los ciudadanos nos gustaría, pues los empresarios se niegan a perder el poder en las negociaciones con los trabajadores. ¡Todo es una gran mentira!

EL PERRO DEL HORTELANO Y LAS POLÍTICAS DEL MIEDO

El perro del hortelano y las políticas del miedo. En eso se ha convertido el Presidente en funciones. Declina la proposición del Rey para que trate de hacer Gobierno, pero no deja que el otro lo haga. Ahora dice que él es el que debiera presentarse a la investidura y no Pedro Sánchez, ¿en qué quedamos?

Las políticas del miedo es el "run-run" que acostumbran a difundir los de la gaviota. Excepto ellos, "todos los demás tienen algo que ver con ETA". Excepto ellos, todos los demás van a hundir el país, económicamente hablando. Solo con ellos se alcanzaría un Gobierno estable. Se le ha olvidado añadir: "y corrupto". Pero como no somos tontos, sabemos que la estabilidad, el saqueo y la corrupción casan mal, pero que muy mal; así que ya sabemos lo que nos espera con un Gobierno playero, vamos… de la gaviota.

¡Estamos hartos de tanta mentira y de tanta falsedad! Ya no queremos políticos peleando por su futuro, necesitamos políticos peleando por el nuestro. Hasta ahora ha habido demasiada pugna por los sillones, los cargos y los negocios personales. Hasta este momento se ha saqueado a España, sin pudor alguno y sin temer por las consecuencias en el bienestar social. Se han privatizado áreas públicas para beneficiar a amigos y familiares. Han venido cobrando regularmente muchas comisiones, que han supuesto un sobre precio en todo lo que ha contratado la Administración pública. El país se ha endeudado por encima de nuestras posibilidades, porque así lo han decidido los políticos que casi nunca nos han representado. Los políticos, en muchas ocasiones, han jugado a lo que les interesaba a ellos o a algún personaje u organización ajenos a nuestra vida política o social, en detrimento de las condiciones económicas, laborales y de bienestar de las familias españolas. ¿Hasta cuándo quiere el perro del hortelano que esto siga como hasta ahora?

Hace falta un Gobierno con imaginación y atrevido, que proyecte un país que pueda llegar a ser autosuficiente. Hay que cortar las alas a esa cúpula de poder oculta, a la que le llaman "mercados o grupos inversores". Su estrategia es la rentabilidad por encima de todo. Ahí no se puede esperar ni una pizca de corazón ni humanidad. Se aprovechan de los países más débiles para estrangularlos e influir en sus políticas, de tal modo que sean ellos los que salgan beneficiados. No podemos darles cancha y, mucho menos, podemos temer que se vayan. Por eso, debemos proyectar un país autosuficiente. Hay que poner fin a esta forma de arruinarnos y dirigirnos directamente hacia el abismo. A esto no le podemos llamar estabilidad, como hace el perro del hortelano, puesto que con él la deuda ha ascendido hasta el cien por cien del PIB.

Algunos nos quieren más sumisos, más pobres y más temerosos. De esa manera, seremos muñecos de trapos en manos de niños crueles y despiadados. Harán con nosotros lo que quieran y perderemos la poca dignidad que nos queda.

Se están aferrando a lo que tienen, porque este sistema blindado que han ido creando a lo largo de los últimos cuarenta años, les asegura sus privilegios frente a los ciudadanos, pero tengan en cuenta que pasan olímpicamente de nosotros y de nuestro bienestar, que nadie se engañe.

POPURRÍ A BOTE PRONTO

Si repaso mentalmente la vida política, se me vienen muchos pensamientos que he tratado de extractar en las siguientes frases, que más bien parecerían pequeños textos para usar en la redes.

- Si nuestro dinero se emplea en pagar deuda e intereses de la misma, la bola cada vez se hace mayor.
- Si el dinero se destinara a industrializarnos y a I+D, conseguiríamos más puestos de trabajo, un mayor progreso, más prestigio en el mundo y una menor dependencia de los grupos inversores.

- Nuestro dinero ha de ser para lo que los ciudadanos necesitemos y queramos, no para pagar tarjetas blacks, lencería para las queridas, fiestas y copas en discotecas, o comisiones para los políticos.

- Toda la vida llevan robando de las arcas públicas. Primero fue el dictador, después los de la transición.

- Critico lo que hacen nuestros políticos porque me preocupa el futuro de todos nosotros. Por eso, es espeluznante que se hable, tan tranquilamente, de Gobiernos que son organizaciones criminales para delinquir.

- No entiendo que pueda haber terminado su legislatura un Gobierno, de un partido político, que ha estado obrando al margen de la ley: Contabilidad "B", pagos con dinero en negro y financiación ilegal.

- Los escraches de los que tanto se quejaron los políticos indecentes, fue un modo educado de decirles a esos ladrones: ¡Váyanse a la mierda!

- Cuando alguien malversa caudales públicos, le está negando el bienestar social a los ciudadanos. ¡Es un mal patriota y un mal ciudadano, además de ser un ladrón!

- Si todos aquellos que en la función pública se dejaron corromper, intervinieron en la organización de algún plan corrupto o hayan robado; pudieran volar, es muy probable que no volviéramos a ver el Sol en un largo periodo de tiempo.

- Aguirre dice que ha dimitido, pero solo ha dicho: "hasta luego". Deja la presidencia del PP de Madrid, pero no abandona su acta de concejal del Ayuntamiento de Madrid. O sea, dimite pero sigue, todo un ejemplo de regeneración del partido, que sigue cobrando de lo público.

- Hemos podido ver las imágenes que han difundido del caco Fabra en la cárcel. Una vida de lo más placentera, protegido de los presos peligrosos, en estancia individual, pasando el tiempo entre rejas jugando al dominó y prometiendo juergas a sus compañeros de partida cuando salga. Las penas en prisión son cortas, nada de castigos ejemplares, y mucho menos de exigir devolver lo robado. De esta forma, el negocio les merece la pena a los cacos de la política española.

- Para finalizar, de nuevo aluvión de críticas contra PODEMOS y Pablo Iglesias. Cualquier propuesta proveniente de la formación del de la coleta, es vista como un ataque contra los del PSOE. Muchos evidencian que hubieran preferido que el tiempo siga pasando mientras van cobrando, sin importarles en el estado lamentable que puedan estar algunas familias españolas. El orgullo y la prepotencia de los que se sienten designados por el Jefe del Estado para formar Gobierno, no admiten colaboraciones de ningún tipo. Su complejo de inferioridad les hace entender, constantemente, que aquellas significan que otros se les están subiendo a sus barbas.

TÓTUM REVOLÚTUM

En las arenas políticas, ya no defiendo a nadie. Son mayorcitos todos y, por tanto, he de suponer que saben lo que se hacen. Cualquier noticia es redundante, siempre le da vueltas a las mismas cosas, ya aburre hasta a los flamencos de Doñana.

Las pobres aves meten la cabeza bajo el agua para no continuar escuchando tantas idioteces y tantas luchas, tantos insultos y descalificaciones. Unos se enrocan hacia un lado y otros lo hacen hacia otro lado, hay demasiados intereses ajenos a las necesidades de los ciudadanos. Hay un techo llamado Europa, bancos e inversores, que limitan el poder de acción de los Gobiernos, y mientras se les permita tener un papel protagonista en la vida de los pueblos, ellos dirán, lamentablemente, hacia donde vamos, ¡qué nadie se engañe!

Ya he expresado en otras ocasiones algunos modelos diferentes de hacer políticas, de conformar Gobiernos, etc., pero soy yo, un simple ciudadano. Se me ocurre a mí, parece que a los que están en la pelea, con sus buenos salarios, sus asesores tan estudiados, etc., no se les ocurre otra cosa. No se ponen de acuerdo para lo que de verdad es importante, solo lo hacen para salir en la foto. El orgullo y la prepotencia de algunos, de casi todos, imposibilita que piensen adecuadamente en lo que es primordial para los ciudadanos en estos momentos. Mientras ellos discuten y se pavonean, hay familias que siguen sin tener ingresos, sin tener trabajo. Al mismo tiempo hay gente sacando dinero del país, no contribuyendo con Hacienda en los mismos porcentajes al que nos obligan a los ciudadanos, y hay políticos llevándose comisiones a costa de nosotros. Hay cantidad de puestos de trabajo creados a conveniencia, pero innecesarios, para acoger políticos en empresas públicas, provocando gastos superfluos: "grasa" en la Administración.

Mientras los que pretenden hacerse la foto siguen a lo suyo, tenemos todo eso y mucho más, pero parece que todo puede esperar infinitamente. Es mejor no pensar en la ineficacia del sistema vigente, para que no nos hierva la sangre. Hay que auto engañarse en este tema, para que la vida siga con normal apariencia. Muchas personas mayores dicen: "Esto o aquello deberían...". ¿Quiénes deberían... si son ellos los que tendrían que hacerlo? – les respondo. Son ellos mismos los que han legislado para que las cosas lleguen al extremo que están en todos los ámbitos de la política y la sociedad, ¿van a echarse tierra encima? Una esperanza tenemos, pues son dados a contradecirse constantemente. Hoy dicen verde, y mañana dicen blanco, a eso nos tienen habituado, pero al final echan mano de sus leyes, la de ellos, y siempre existe el salvoconducto que les protege, y les asegura la impunidad. Cuando a alguien le cogen infraganti, pero ha de ser muy descaradamente, lo encierran simbólicamente sin exigirle la devolución de lo mangado, y enseguida comienzan los permisos penitenciarios. Y la estancia en la prisión es el recreo o la tasca del barrio, todo el día viendo la tele y jugando a las cartas o al dominó, solo faltaba que se gire hacia algunos de sus lacayos y les pida una ronda de tintos.

Albergo la esperanza de que algún día las cosas sean de otra manera, y para ello se necesita que la calidad de las personas, que nos pretenden gobernar, sea diferente.

EL SWIM QUEDA BIEN, PERO NO SOLUCIONA LOS PROBLEMAS

El tiempo para los pactos se va acabando, y Pedro Sánchez continúa imitando el estilo Obama, muestra un swim al andar similar al del mandatario norteamericano. Parece haberle copiado los gestos, como si al hacerlo tratase de emular el éxito de aquel. Pero las cosas son diferentes por aquí, no hace falta tanta tranquilidad, y sí más acción. Hay muchos asuntos que hay que remediar urgentemente. Pactar solo es un gesto político, pero no arregla los problemas de la gente. Solo las leyes y las medidas que se toman, son las que pueden solucionar las necesidades de las personas.

Todos tendrían que ir terminando el proceso de pactos, y los pasos adelante y atrás: ahora desisto, ahora me presento al proceso de investidura, o ahora no dejo de dar por el culo a los que sí están trabajando, toca a su fin. El tema dura ya sesenta días y seguimos con el Gobierno en funciones, en el que sus ministros se dedican a hacer precampaña electoral acusando a los otros, para posicionarse, caso de que fuéramos a unas nuevas elecciones.

Ya cansa todo esto y, mucho más, pensar que nos vamos a tener que tragar otra campaña electoral. Horas y horas de emisiones televisivas y radiofónicas, para comprobar cómo cada uno de los partidos, incapaces de ponerse de acuerdo con los demás, agarran la piel de toro, tratando de hacerse con ella. Entre todos lo que van a hacer es destrozarla. Pero no se confunda esto con el sentimiento de los independentistas catalanes, sobre el que todos los españoles quieren opinar, cuando dicen que si hubiera un referéndum tendríamos que hablar todos. Supongan que en su familia tienen un hijo que quiere vivir solo, independizarse, y tuvieran que decidirlo con una votación de todos los demás miembros de la familia. ¡No sería justo!, ¿no creen? Lo que ocurre, es que en el tema catalán hay otras cosas en juego de las que nadie habla, el veinticinco por ciento del PIB. Igual que a tu hijo no lo vas a retener contra su voluntad, nadie debería tener la potestad de retener a una región dentro de un conjunto, "en el que cada uno va a su avío", si ellos tienen otros planes, otro proyecto de país, nación, república o como quieran denominarse.

Además, esto lo hemos comentado ya, si son mayoría los que no quieren independizarse, que se haga el referéndum ya, y se acabe la discordia. Pero el veinticinco por ciento del PIB pesa y mucho, por eso se niegan a concederle ni la más remota oportunidad de libertad. ¡Es la pela!, la que impide que decidan los catalanes. El Estado español se resentiría bastante si deja de recibir la aportación catalana, porque se ha acostumbrado a vivir subvencionado. Ya he dicho muchas veces que España debiera tener un proyecto de país industrializado, tecnológico, de progreso e I+D. Pero como esto ha funcionado acumulando la industria en Cataluña, País vasco o Madrid, pues el resto del país vive subvencionado en parte, y aquellas zonas son el vergel de España. ¿Quiénes son los responsables de este desequilibrio económico?, evidentemente, los políticos que nos han gobernado hasta el momento, de ahí todo el drama.

La situación actual es el producto de lo que se ha ido haciendo con el país durante los años anteriores, del escaso o nulo proyecto de país, de haber querido incorporarse a Europa a toda costa, y de creerse que los dineros venían de la Comunidad europea, como si no se tuvieran que devolver, así está la deuda. ¡Son unos ineptos!

¿QUÉ ESTÁ PASANDO?

En las últimas horas hemos tenido información sensible en televisión, ¿vieron ustedes la entrevista realizada a una periodista y un socorrista, de los que han estado actuando en Lesbo, salvando vidas en las travesías de los refugiados procedentes de Siria? ¡Terrible el dolor y la angustia que se vive escuchando cómo es el día a día en el mar! La cantidad de cadáveres, la cantidad de personas que llegan a tierra con tan solo un hilo de vida. Las embarcaciones en lamentable estado que ponen las mafias a disposición de los que quieren huir de las bombas, a un precio desorbitado el pasaje. Muchos de los que son rescatados pierden en el viaje a algunos de sus familiares, y creen que vienen al paraíso cuando lo que se encuentran son alambradas, fronteras, gases lacrimógenos, frío, barro, cargas policiales y desatención por parte de los países que en un principio se brindaron a abrir sus puertas y acogerles, pero que toda la fuerza se les ha ido por la boca.

Los países a donde quieren ir los refugiados, incumplen, sistemáticamente, el acuerdo de asilo a los que huyen de sus países por miedo a ser liquidados por la acción de las guerras.

Otra información sensible nos llegó de mano de Jordi Evole, en el Salvados de ayer domingo. El programa estuvo dedicado a la fabricación textil en lugares como Camboya, mostrando la forma en que eran tratados y contratados los trabajadores en las miles de fábricas del sector. Fábricas donde encargan sus ropas muchas de las marcas que encontramos en cualquier calle comercial de cualquier ciudad europea o del mundo. Marcas que son conocidas por todos nosotros, y por las que nos cobran, en algunas ocasiones, por un pantalón o una camisa, prácticamente, la mitad del sueldo de un empleado o empleada de aquellas fábricas. Los salarios rondaban los 130 ó 140 , todos los empleados decía n que eran insuficientes. Los empresarios incumplen la normativa laboral y, sobretodo, no dotan a los trabajadores con los medios y equipos de protección necesarios para evitarles la toxicidad del manejo de los tejidos, y las sustancias que se desprenden continuamente en algunos de los procesos a los que son sometidos.

Muchos de los empleados viven hacinados en una habitación, que sirve para todo, dormitorio, cocina, baño, estar, etc., ¡una verdadera vergüenza! Aguantan presiones insoportables, porque les obligan a trabajar a toda velocidad, en condiciones peligrosas e insalubres, bajo las voces y las amenazas provenientes de los empresarios. Viajan hacia las fábricas en condiciones, igualmente, muy peligrosas, en transportes colectivos, agolpados en las bateas de carga de pequeños camiones, todos de pie, como animales… ¡totalmente indigno!

También pudimos ver a un empresario español que había montado una factoría textil en Camboya para aprovechar esos bajos sueldos, y así fabricar a precios reducidos. Sus instalaciones se veían más decentes. Él decía que cumplía toda la normativa impuesta por las autoridades de ese país, además, les pagaba salarios más elevados, del orden de los 225 . No iba mal la ent revista con este empresario, hasta que la cagó desde mi punto de vista. Dijo que el primer mundo estaba ahí arriba, y señaló con su mano, al tiempo que dijo que el tercer mundo estaba hay abajo. Entonces, refirió que el tercer mundo debía de ir hacia arriba, pero lo condicionó a que el primer mundo tenía que ir hacia abajo. Yo digo: que es digno y justo que los países deprimidos crezcan económicamente, en bienestar, etc., pero que no ha de ser a costa de que todos perdamos calidad de vida. Como no es de recibo que siga el primer mundo estando arriba porque explota a los habitantes de las zonas más deprimidas de la Tierra.

EL JUEGO DE CULPAR AL OTRO

El PSOE con el cuento del rechazo a la celebración de un referéndum en Cataluña, ha ido arrinconando a PODEMOS, dejándole hasta el final para negociar con ellos, y ahora sale con que la actitud de PODEMOS es la que impide llegar a acuerdos o que no han querido sentarse a negociar, cuando desde el principio, PODEMOS, es el único partido que ha puesto las cosas claras sobre la mesa. Es el único que ha ofrecido modalidades para formar Gobierno, lo que ocurre, es que el PSOE, ante cada paso dado por

PODEMOS, se ha sentido ofendido. Tiene un complejo de inferioridad tal, que facilitarle las cosas, o colaborar con ellos, lo interpreta como querer suplantarle.

Ayer, el PSOE, por fin accedió a reunirse con las fuerzas de la izquierda, el que debiera de ser el lado político e ideológico natural del PSOE. Sin embargo, cometió el feo de reunirse al mismo tiempo en un salón contiguo con CIUDADANOS, ¿queda un poco desconsiderado, no creen?, pero bueno, el PSOE sabrá lo que se hace. Quizás, todavía dolido, trató de devolver las ofensas, que según ellos, les ha propinado PODEMOS.

Los mayores del PSOE, porque me niego a llamarles con la cursilería: "Barones", ya son millonarios y han olvidado a aquellos muchachos movidos por unas ideas, que luchaban, incluso en la clandestinidad. Como digo, ahora son adinerados gracias a las influencias que adquirieron mientras ocuparon ciertos cargos políticos, por lo que fueron fichados para los consejos de administración de multinacionales o empresas de primer orden, aunque no supieran nada de la actividad o el producto que aquellas empresas comercialicen. Esa gente hace tiempo que dejaron de ser de izquierdas. Hace tiempo que dejaron de sentir como la gente de izquierda. Y son los mismos que hacen presión en el partido PSOE de centro, para que pacten mejor con la derecha, que con la izquierda. El socialismo y el "obrerismo" ya pasaron a la historia. Las luchas por los derechos ciudadanos ya se han acabado, a los sindicatos se los han cargado mediante subvenciones y órdenes que contenten a la patronal.

El PSOE está tratando de preparar el camino por si vamos a nuevas elecciones, y juega a culpar a PODEMOS de la potencial imposibilidad de llegar a acuerdos, que no es más que su propia incapacidad de liderar el proceso de cambio, conformando un Gobierno de izquierda. El PSOE no entiende el proceso democrático del derecho a decidir. O sí lo entiende, pero está mirando de reojo, como están haciendo muchos, el veinticinco por ciento del PIB. Tal como dije hace unos días, si en tu familia se quiere independizar un hijo o una hija, ¿qué hacemos?, ¿debemos someterlo a votación del resto de los miembros de la familia?, ¿no, verdad? – es una decisión personal, pues en una región debe ser del mismo modo. Eso es respetar, sin embargo, oponerse y retener a la fuerza, solo crea rebeldía y malestar, por eso se incrementa el número de independentistas. La solución es votar, que voten los catalanes, y decidan lo que quieren hacer, dónde desean estar, o con quién.

Todos los territorios de España lo que tienen que hacer es industrializarse, ser zonas prósperas, todas y cada una de ellas, para ser autosuficientes en conjunto o por separado. Considero que es más fuerte un proyecto común, que estando cada uno por su lado, pero el problema es que España carece de un proyecto como país. Se cree que con las subvenciones europeas y el turismo ya está todo hecho. Hay que producir, hay que adquirir la mentalidad Española y comprar lo que produzcamos nosotros, productos españoles aunque sean algo más caros, debemos defender lo nuestro, que representa trabajo para nosotros. Hay que poner fin al desempleo, pero teniendo en cuenta que los empresarios no lo van a hacer. Se puede inventar el país de nuevo, trazando nuevas líneas que se distancien de los inversores usureros, que endeudan al país. El Estado tiene que saber que es un ente creado por todos los ciudadanos y mantenido por todos nosotros, para adoptar las medidas que nos solventen los problemas y nos gestione todo lo que es de todos. Si nosotros decidimos que así ha de ser, tendrá que ser así. Debemos mandar nosotros, no como hasta ahora que han invertido el sentido de las cosas y solo nos han dejado el papel de sometidos a los dictados del Estado.

¡NO TE PIERDAS DE VISTA!

He oído a algunas personas decir que ya es tiempo de dejarnos de izquierdas y derechas, que no hay que rivalizar más. Que hay que dejarlo atrás, y es verdad, pero para ello, hay que comenzar a pensar como ciudadano y dejarse de ideología. También hay que mirar a los otros sin recelo, sin querer distanciarse e importándole a uno los problemas que tengan los demás. ¿Por qué digo esto? - pues, porque de ser así, cada cual va a tratar de apoyar un proyecto común para todos, que nos beneficie a todos por igual. Esa es para mí, la clave.

Pienso en uno de los asuntos con el que nos vamos a encontrar más inmediato, dada la absoluta dependencia de uno con el otro, me refiero a la relación empresario, trabajadores. Es indudable que el empresario depende del rendimiento de sus empleados para conseguir unos resultados, y para los empleados es importante que su empresario le dispense un trato educado y respetuoso, además de un salario digno. ¿Coincidirán ambos en llevar a cabo una relación mutua, en la que al empresario le importen, de verdad, sus empleados, y viceversa? Ese sería el punto óptimo en esta relación, que ambas partes sientan a su empresa por igual, uno por lo que expone y por la responsabilidad de que todas las familias involucradas puedan vivir dignamente; los otros porque de la calidad de su trabajo y de su rendimiento depende la satisfacción de sus clientes, mayores ventas, la continuidad de su empresa y, por tanto, la seguridad de su puesto de trabajo. Esta es la realidad actual y de siempre, pero hace falta que el reparto de derechos, beneficios y obligaciones sea más justo.

Del mismo modo lo podemos llevar a cualquier ámbito de la vida, y verán que puede ser muy fácil cuando nos importan los que tenemos al lado. Para ello, se hace imprescindible que todos nos convenzamos de la necesidad de considerar el bienestar del otro, como un derecho, exactamente igual al nuestro. Esto se consigue cuando nos paramos a analizar, o mejor dicho a sentir, que el de al lado sufre como nosotros, tiene problemas como nosotros, y que nuestras acciones han de ir encaminadas para no dañarle, no afectarle, ¡es un ser humano como nosotros! El error de la humanidad incide en este gran descuido de muchos. Cuando se adquiere esa conciencia del otro, ¿cómo alguien va a hacer daño a nadie? De inmediato se acaba con la maldad actual de la explotación, dejar morir de hambre o enfermedades, bombardear, asesinar, robar, etc.

El escenario de la sociedad, en estos momentos, gira alocadamente, aceleradamente si quieres, sin el sentido de unidad que somos, yo diría que fracturado o roto. Estamos perdiendo una gran oportunidad, la que nos da el estar vivos todavía y poder tejer un colorido tapiz, que represente más fielmente quienes somos. Estamos tirando el tiempo y no progresamos como sociedad como debiéramos, porque se impone la rivalización en lugar de la colaboración. Hemos aprendido muy poco, por eso vivimos una existencia pobre en plenitud, pobre en amor, alegría y felicidad. Es por ello, que nos venden productos con los que satisfacer carencias internas, y con ellos vivimos momentos efímeros de felicidad, que pronto se marchan.

Hace falta que nuestra conciencia despierte, pero si lo hace y nosotros estamos ausentes, estamos distraídos, tampoco nos apercibiremos de nada. Siempre estamos viviendo afuera: una relación, un trabajo, el ejercicio, la música, las copas con los amigos, ir de compras, etc., ¿y tú?, ¿dónde estás tú cuando haces todo eso?, ¿cómo te vives o te sientes cuando estás en cada uno de esos momentos? Se trata de no perderse de vista, uno mismo, al tiempo que se hacen cosas. Si te pierdes, recuérdalo y vuelve a estar presente. Vuelve a mirar lo que estás sintiendo, hagas lo que hagas. Es mirar hacia afuera y hacia adentro al mismo tiempo. ¡No te pierdas de vista!

SALVAR EL CULO DEL POLÍTICO SÁNCHEZ

El pescado ya está vendido, Pedro Sánchez ha preferido como compañero de viaje al Sr. Rivera, y hasta ahí ha llegado su viaje de investidura. Ha echado cuenta de lo que le apuntaban los viejos de su partido, los nuevos millonarios que ya han olvidado los años de lucha, y que hoy son amigos de banqueros, grandes empresarios, no siendo malo esto, pero es que comulgan con sus ideas, que sí es peor para los ciudadanos.

Pedro Sánchez se ha asegurado su puesto al frente del PSOE, ese es el verdadero movimiento del candidato a la Moncloa. Ha atendido las peticiones de los que siempre han tenido peso en su partido, y lo ha hecho anteponiendo ese deseo a las necesidades de la gente, traicionando a sus votantes y a la ideología de su formación. Ahora, las derogaciones no aparecen en el proyecto de acuerdo firmado. ¿Ya no son tan malas las reformas laborales o la Ley Mordaza?

El panorama político cada día es más falso, menos creíble y más cicatero. La única estrategia que les queda a los del PSOE es culpar a PODEMOS de ser los responsables de no alcanzar un Gobierno por su negativa a actuar como ellos y a no traicionar a sus votantes. Desde hace unas semanas el PSOE juega a hacer campaña electoral, por un lado, asegurándose los votos de CIUDADANOS, por otro lado, tratando de hundir y desprestigiar a PODEMOS, su oponente natural, aunque cada día vemos que no es tan natural, dado el movimiento que ha hecho PSOE hacia la derecha.

En este país la moderación es comulgar con las órdenes provenientes de los del IBEX y los banqueros. Moderación es aniquilar la clase media del país, y estabilidad es hacer más ricos a los ricos, y más pobres a los pobres. Lo que importa a muchos, como demostraron firmando el famoso articulo 135 de la Constitución, es abonar con prioridad absoluta la deuda, sus intereses y bajar el déficit, aunque para ello se queden muchas familias sin trabajo, sin ingresos, sin seguridad social, sin becas para poder estudiar, o las pensiones tengan todas las papeletas para que les toque rebajarse un veinte por ciento, como ya lo adelantó en una ocasión el Sr. Rajoy.

El PSOE ha perdido la oportunidad de hacer un Gobierno de izquierda, defensor de lo social, porque ahora está de moda decir que se es de centro. El centro se identifica con la moderación, sin embargo, los cuatro años sufridos de decretazo tras decretazo por la gracia de la mayoría absoluta del PP; poco o nada han tenido que ver con el centro o la moderación. Siempre lo mismo, congraciarse con los poderosos, reírles las gracias y someter al país a los dictados de aquellos que no fueron votados ni elegidos por los ciudadanos. Mientras eso sucedía y nos endeudábamos más y más, mucha gente, de esa misma que nos sometía con su mayoría absoluta, ha estado saqueando, sistemáticamente, todas las Instituciones del país.

El PSOE prometía poner fin a todo esto, pero ahora se ha ablandado, según ellos, por el bien de España. Ya nos lo venían avisando: PSOE en Europa siempre vota con el PP, también se pusieron de acuerdo para firmar el Art. 135 de la Constitución, al que antes me he referido, y ahora Sánchez ha preferido salvar su culo dentro de su partido, porque es lo que ha hecho, que nadie se llame a engaño.

En su primera intervención, Sánchez ha repetido la palabra suma, pues tras haber dejado el campo abonado, esperan que se sume el PP. Viene orquestando el gran pacto, pero viene vadeando el río de las críticas, va dando un rodeo para que no se lo puedan achacar; pero al Rajoy que nadie quiere ver, lo están esperando como agua de Mayo. Rivera, en su primera intervención ante los medios, tras haber firmado el pacto con el PSOE, hizo una invitación expresa a que se sumara el PP; no se ha hecho esperar, le ha abierto la puerta de par en par. De modo que Rajoy, en estos momentos, ha de estar a la escucha de la radio, por si le llega la orden, en Morse, del conglomerado del poder monetario, de que debe unirse al pacto CIUDADANOS-PSOE.

LA AUSTERIDAD EUROPEA

¿Por qué la troika exige cumplir con un déficit determinado, y por tanto impone recortes y austeridad? ¿Por qué no se igualan las políticas laborales, judiciales, económicas, financieras, etc.? Los recortes para los del Mediterráneo, los salarios bajos para los del Mediterráneo, la menor industrialización para los del Mediterráneo, o sea, los del Sur. El tope en la producción agrícola, ganadera o pesquera, para los del Sur, gracias a los primeros pasos y a los acuerdos a los que llegó Felipe González para integrarnos en la Comunidad Europea. ¡Pues sí que nos sale cara la defensa conjunta!

Los salarios altos, las pensiones altas, menor índice de paro, mayor nivel de industrialización, desarrollo e investigación, para los países del Norte. Los países del Sur nos dejan para que los del Norte tengan mano de obra barata, porque así entienden los Presidentes de Gobiernos que hemos tenido, que ha de ser. Así entienden, ellos, el concepto de competitividad, "chinarizarnos", muchas horas de trabajo con salarios deficientes, y dados de alta un par de horas al día. Mucha contabilidad "B" en las empresas y mucho fraude, tanto a Hacienda, como a la Seguridad Social. Como consecuencia de ello, condiciones más precarias para los trabajadores españoles, mayor emigración hacia los países del Norte, para aceptar, como ocurre siempre con los emigrantes, los puestos de trabajo que la población nativa no quiere realizar.

A los débiles, como España, Grecia, Portugal o Irlanda, les hacen entrar por el ojo de la aguja. Sin embargo, es muy diferente con Reino Unido, quien es el que impone sus condiciones para mantenerse integrado en la UE. A pesar de ello, se toma la libertad, como va a hacer en breve, de convocar un referéndum para que su población decida si quiere seguir perteneciendo a la UE. Desde un principio con ejemplos como este, o con la no aceptación de la moneda única, y más recientemente, aprobándoles medidas extraordinarias y diferentes al resto de la UE, en cuanto al trato a dispensar a los trabajadores emigrantes; lo que se consigue es la UE de varias velocidades. O sea, vemos que hay países que son los sometidos a los dictados de la UE, y otros que someten a la UE ante las leyes que más les convienen a ellos.

Lo chocante del caso, es el modo en que nuestros políticos defienden estar en la UE, sentirnos europeos, etc., cuando hemos conseguido que todos los sectores de nuestra sociedad se manifiesten en contra de las medidas de austeridad impuestas por Europa. Esas mismas medidas de austeridad han provocado el cierre de cantidad de empresas. Al mismo tiempo, cantidad de personas han quedado en paro, han perdido sus empleos.

Se ha deteriorado la sanidad, la educación, se ha precarizado el mercado laboral. Hemos perdido los derechos conquistados a lo largo de la historia de nuestro país, gracias a gentes que se dejaron la piel y hasta la vida. Hemos socializado las perdidas de los accionistas bancarios que gestionaron negligentemente sus negocios privados, además de blindarse sus pensiones y sus millonarios despidos. Hemos sufrido la ola de corrupción, que más bien habría que llamarle tsunami económico, por el que nos vienen saqueando continuamente y salvajemente. Al mismo tiempo, hay tipos que han aprovechado toda esta estafa llamada crisis para enriquecerse más, mientras el país ha mostrado una falsa bonanza económica, porque lo que ha hecho es endeudarse más, ya debemos lo que el país es capaz de generar o recaudar, para que se entienda, en todo un año.

LA CONSULTA DE MUÑEQUITOS

Hoy me apetece hablar de la consulta de muñequitos, la titulo así porque lo que ha hecho el PSOE con sus militantes no se merece otro nombre. Primero se hace el guiso, y posteriormente se le pide a sus seguidores si aprueban que se haga el guiso, y para colmo de los colmos, no es vinculante, ¡venga ya!

¡Qué respeto es ese! Por qué no se ha acordado un pacto, sin llegar a firmarlo, se le ha dado a conocer a todos sus militantes y, solo entonces, se le somete a aprobación por parte de la militancia. Esto sería lo lógico y lo respetuoso, pero la consulta de muñequitos que ha realizado el PSOE es una farsa más de las muchas que efectúan los políticos en su lucha por los sillones. Ha sido una burda manipulación de sus seguidores, hacer como que cuentan con ellos, al mismo tiempo que no sirve para nada la consulta, por eso tengo que decirlo una vez más: ha sido una consulta de muñequitos. Los militantes, que me perdonen, pero prestarse al juego de ser movidos como marionetas de guiñol, tiene lo suyo.

Vuelvo a reiterar que si se cuenta con los militantes para algo más de que paguen una cuota mensual para el partido, o para que le jaleen a uno en los mítines, se tiene que consultar con todas las de la ley, y eso significa que las consultas han de ser vinculantes para que el partido decida. El partido no solo son los viejos del lugar, la cúpula, los diez que están chupando bien de la teta del erario público, el partido son todos los socialistas, todos los que se pasan la vida defendiendo unas ideas, propagándolas entre sus círculos próximos, sintiendo esa sociedad soñada por la que luchan. Y todo eso no puede ser ninguneado como lo ha hecho Pedro Sánchez. No se puede traicionar a su gente como lo acaba de hacer con la farsa de la consulta no vinculante, ¡eso no es serio! porque el pescado estaba ya vendido. Hay que ser valiente, hay que ultimar la negociación, y cuando se está a punto de firmar, hay que parar para conocer si su militancia lo aprueba. Supongamos que hubiera salido un rotundo "no", lo que hubiera resultado de no prestarse la gente a actuar como muñequitos, ¿qué hubiera sucedido? Nada, ya se sabía de antemano, ¿para qué se somete a aprobación algo que no tiene rectificación posible? Ya estaba todo hecho, acordado y firmado. La política sigue siendo una gran mentira y así no vamos a ningún lado. Esta es la antesala de: "os vamos a volver a engañar", de momento han engañado a sus militantes. De momento, les han molestado para nada que no sea enturbiar la gestión política del partido, o para enfadar a los más sensatos.

Supongo que la consulta solo se ha circunscrito a su militancia y no al resto de españoles porque no se pueden hacer referéndums en España, pues siguiendo la línea argumental de muchos, como en el hipotético caso de salir adelante ese acuerdo nos afectaría a todos los españoles, deberíamos votar todos en la consulta. ¿No tiene un cierto paralelismo con el 9N?, aquellos querían hacer una consulta. Además, en el caso probable de un referéndum en Cataluña, muchos españoles dicen que tienen que hablar ellos también, pues en la consulta de aprobación de un programa para ordenar la vida de los españoles, creo que todos deberíamos haber sido consultados. Aunque visto lo visto, ¿para qué vamos a convertirnos todos en muñequitos?

PACTAR, UN PANORAMA NADA HALAGÜEÑO

¡Qué diferente es el panorama de pactos, conforme a las declaraciones que decían los intervinientes en campaña preelectoral! Pedro acusaba al partido de Albert Rivera diciendo que eran los nuevos del PP, y el de C's decía que jamás apoyaría la investidura del de PSOE. Pero no creáis que ambos lo dijeron una sola vez, ¡no!, era el guión seguido en cada mitin que celebraban. Como siempre, hemos podido comprender que los políticos prometen y dicen cosas en campañas, pero que posteriormente hacen otras bien distintas. O sea, no son de fiar.

Además de esta incongruencia manifiesta, se hace difícil entender que teniendo la aritmética y las políticas de izquierda a favor de la investidura de Pedro, este haya preferido el pacto con los que según ellos son la nueva derecha del país. Para mí no es comprensible, pues si lo que se quería es sumar, ¿por qué no se reunió, al mismo tiempo, con los responsables de las diferentes fuerzas políticas, para crear un programa de Gobierno común y participativo de las políticas de todos? Lo que no vale es pactar con tu opuesto, según lo calificaba Pedro, y querer que se adhieran todos aquellos que no han puesto ni una coma en el documento de acuerdo. ¡Creo que Pedro se ha equivocado! Incoherente ya ha demostrado que lo es.

Vamos abocados hacia unas nuevas elecciones porque el PSOE ha preferido el camino marcado por los "viejos" de su partido, la banca y el IBEX 35; cuando por el otro lado lo tenía, prácticamente, hecho. Además no se hubiera tenido que desdecir de la vociferación continua de que iba a derogar la Reforma Laboral del PP, la Ley de "inseguridad" ciudadana (Mordaza), etc. Ahora todo lo ha tenido que matizar, de modo que su socio, el Sr. Rivera, se puede permitir ir por los platós de televisión afirmando que el acuerdo de pacto contiene el ochenta por ciento de su programa electoral, o de que no se derogan ni la Reforma Laboral, ni la Ley Mordaza. ¿A qué está jugando el PSOE?

Lamentablemente, España volverá a despilfarrar dinero público para que se celebren otros comicios. Nada menos que ciento sesenta millones de euros de nuestro dinero para que salgan al ruedo a mentir, pues ha quedado claro que lo hacen todos en las campañas preelectorales. Las hemerotecas están ahí para probarlo, por si a alguien le queda la menor duda. Se me vienen a la cabeza, aquellos charlatanes, en el lejano Oeste, que se paraban en las plazas o en las calles de las ciudades que visitaban, y convocaban a la gente prometiéndoles remedios ineficaces; pues algo así se me representan nuestros políticos, subidos al entarimado, en alto, para dominar a los asistentes, prometiendo lo que los oídos quieren oír, en busca de los aplausos, el halago y el apoyo de los presentes. Ahora sabemos que venden humo, como aquel vendedor del lejano Oeste.

La ley está poco acertada con la propuesta del Rey, la primera investidura, la segunda investidura, y si no hay acuerdo para alzar a alguien como Presidente para el Gobierno, se convocan nuevas elecciones. Yo me voy a mantener en mis pensamientos: el pueblo ha hablado y ha dado un número de Diputados (amañados por el favoritismo de una Ley electoral injusta), pues que pongan las diferentes formaciones, todas las elegidas, sus programas sobre la mesa, y confeccionen un nuevo programa con las coincidencias de los diferentes programas, con las aproximaciones, si quieren matizándolas o adecuándolas, hasta llegar a un consenso entre todos, con buena voluntad, que no es otra que la de beneficiar a los ciudadanos y no a colectivos concretos o amigos. Ya han pasado dos meses, ya ha dado tiempo suficiente para haber hecho ese trabajo de unificación en un programa pactado por todas las fuerzas elegidas por los ciudadanos. Esto demuestra que hay otras maneras de llegar a pactos o acuerdos, que por otro lado, son mucho más respetuosas con los resultados de las urnas.

HOTEL ALGARROBICO

Hoy quiero reflexionar sobre la especulación urbanística y constructiva que supone el caso del Hotel de El Algarrobico. Diez años dando vueltas a la perdiz, decenas de procesos judiciales, costas a pagar, personajes de la Administración que dieron permisos para construir ilegalmente en una zona protegida y, por tanto, no edificable, que escapan impunemente de sus responsabilidades y del castigo penal correspondiente, en detrimento del erario público; pues somos todos nosotros los que pagamos las consecuencias de lo que hicieron esos señores que prevaricaron.

El derribo del hotel va a costar unos 7,1 millones de euros, que se han puesto de acuerdo para pagarlos entre la Junta de Andalucía y el Gobierno de la nación. ¿Por qué las decisiones de unos señores políticos tenemos que abonarlas todos los españoles? Y en este caso, los andaluces por partida doble, lo que nos toca por el pellizco que suelte el Gobierno central, y lo que pague la Junta de Andalucía. Mientras tanto, aquellos que se lucraron con la operación, o al menos, procedieron fuera de la legalidad vigente de costa y terrenos protegidos, por ser una zona perteneciente al Parque del Cabo de Gata-Nijar, estarán tan tranquilos retirados, jubilados posiblemente, disfrutando de su pensión de oro. ¡No hay derecho!

Pero lo que nos va a costar no es solo lo que se ha dicho hasta ahora, pues hay que incrementar las costas de diez años de juicios, los 2,3 millones que le costó en 2006, a la Junta, volverse a hacer con la propiedad de los terrenos, y veremos a ver si no hay que indemnizar a la Promotora que ha realizado la construcción, que reclama 70 millones de euros al Ayuntamiento, a la Junta de Andalucía y al Gobierno. La promotora dice tener los permisos concedidos por el Ayuntamiento y la Junta de Andalucía para construir en esa zona, y se ampara en ello. Como mínimo, tiene que haber una serie de personas que desde dentro de las Instituciones han tenido que firmar cada uno de esos permisos, a sabiendas de que el proyecto se levantaría en una zona protegida y a menos de cien metros del mar, por lo que también vulnera la Ley de Costas. ¿Nadie paga por ello con todo su Patrimonio, para liquidar los dineros que nos va a costar a todos los españoles, y doblemente a los andaluces?

Los políticos hacen las leyes, para posteriormente saltárselas cuando a ellos les venga bien. Y lo que parece extraño es que el Gobierno también esté "en el ajo", y le pidan responsabilidades, no sé cómo no siguen subiendo y piden responsabilidades a la UE. Parece que el Ayuntamiento para saltarse la ley pidió permiso a la Junta, y esta para infringirla también, parece que pediría permiso al Gobierno, de otro modo no se entienden que los tres estamentos estén "pillados". Al final los que estamos fastidiados somos todos nosotros que tenemos que soportar los gastos de las acciones de los desaprensivos que aprobaron un proyecto ilegal en una zona no edificable. ¡Hay demasiada oscuridad en la forma de actuar de los irresponsables políticos! De esa oscuridad emerge la cantidad de casos de corrupción que padece nuestro país. Con alevosía, aprovechando la oscuridad, algunos de los renombrados políticos televisivos llevan años saqueándonos y enriqueciéndose. ¡Hay que barrer las Instituciones!

PRIMER PLENO DE INVESTIDURA

Ayer se celebró el Pleno de Investidura de Pedro Sánchez, la canción no sonó mal del todo, aunque fue demasiado reiterativo lanzando órdagos a PODEMOS y demás grupos de izquierdas, cuando decía que si quieren todos, esas generalidades que fue difundiendo en la Cámara, podrían ser posibles la semana que viene. Esas generalidades eran el equivalente a los populismos, según lo definieron las gentes del PSOE y del PP, cuando eran pronunciados, por otros, esos principios que a la gente les convienen.

Un Pleno de poco más de dos horas en el que pudimos ver a nuestros empleados jugando con los móviles, en lugar de atendiendo la exposición del candidato a la Moncloa. ¿Qué sentido de la responsabilidad es ese?, ¿en qué trabajo se permite que las personas en lugar de hacer su trabajo jueguen o usen el móvil? En muchos trabajos te echarían a la calle, se te terminaría el contrato en el acto si lo hicieras, ¿aquí por qué no? ¡Qué más da jugar al Candy-Frozen, o como quiera que se llame el dichoso jueguecito, o estar toda la sesión tonteando con tu móvil! Todos los Diputados que emplearon el tiempo que duró el Pleno manejando su móvil, que están recogidos por las cámaras, deberían ser cesados de inmediato. Y otra cosa que se debería regular es el aplaudir continuamente al ponente, pues además de interrumpir el acto constantemente, convierte al mismo en un vodevil o en una actuación circense.

Menos mal que Pedro Sánchez dijo, nada más empezar su exposición, que no iba a caer en el "y tú más". Menos mal, porque si no lo llega a decir... le faltó tiempo para cargar una y otra vez contra el PP, tachar la última legislatura de absolutista, autoritaria y totalitarista, o la corrupción generada por el partido de Rajoy. Pedro Sánchez, como le pasa a la gran mayoría de los políticos españoles, es incoherente de base, por principios, dice que no va a hacer algo, y enseguida lo hace; o sea, a nuestros políticos les es fácil decir algo y hacer lo contrario.

De cualquier manera, fueron dichas muchas medidas para encandilar a los partidos de izquierda y que se sumen al pacto: PSOE-CIUDADANOS, pero el guiño no fue acogido con entusiasmo por ninguno de los dirigentes de esas fuerzas políticas. Por lo tanto, Pedro tiene la investidura muy difícil, al menos en esta ocasión. Y no les vale hacer ver que de no llegar a un acuerdo es por culpa de los partidos de izquierda, pues es el PSOE el que se ha derechizado con el paso del tiempo, y ha preferido pactar con la derecha, o centro derecha, antes de hacerlo con aquellos que, por ideología, serían sus compañeros naturales. No obstante, el PSOE, presionado por sus mayores, los nuevos ricos, antes de izquierdas, ha pactado anti natura, prefiriendo sumar solo ciento treinta escaños, cuando por el otro lado tenía la investidura casi lograda. Así que la responsabilidad de sus actos que no la descargue en los hombros de los demás.

Por último, no se escuchó nada de la eliminación de la Diputaciones, y sí se oyó algo sobre energía y medio ambiente para aplicar en el 2050. ¿Por qué los derechos te los quitan de inmediato, y otras medidas que afectan a empresarios y grandes empresas se tienen que aplicar a treinta años vista? Con nosotros juegan, nos manejan y manipulan, además de robarnos; con los poderosos son mucho más cautos y atienden los plazos que aquellos les imponen a los Gobiernos. ¡Siguen sin representarnos!

UN POCO DE NO'OS

La declaración de la Infanta Cristina, para mí, entra en la prensa rosa por ser el personaje que es, pero no obstante, se juzga un caso de corrupción. Para empezar dijo que no contestaría más que las preguntas de su abogado, por tanto, asistimos a un teatrillo pactado, en el que la Infanta bien aleccionada por aquel, contesta lo que sabe debe decir.

La Infanta, socia al cincuenta por ciento de una sociedad, por tanto, ha de firmar los documentos correspondientes que por ley se les ponga por delante. Formada como está, siendo directora de una fundación de

Caixa, no sabía lo que firmaba ni la responsabilidad de hacerlo. Como poco, parece un acto increíble, tratándose de una persona preparada, universitaria, y que entiende lo que firma.

Las firmas estampadas en los documentos no pueden quedar sin efectos cuando alguien, para defenderse ante unas acusaciones, dice haber firmado por amor, por confianza hacia su marido y cosas así. La ley es la ley, y ha de ser igual para todos. ¿Se tendría tanta consideración o benevolencia si se tratase de un total desconocido? ¿Le valdrían, para librarse de las penas, los mismos flacos argumentos? A la Infanta, parece que le han valido, por el momento, solo veinticuatro minutos de banquillo para descargarse de responsabilidades en el caso que se juzga.

Los gastos cometidos con la tarjeta de la empresa, que la Infanta tiene a medias con su marido, muchas veces fueron compras o servicios personales o particulares, que nada o poco tenían que ver con la gestión o necesidades de la empresa. Algunos de ellos apuntaban directamente a la Infanta, como los gastos en peluquería. Sin embargo, Iñaki dice que él custodiaba la tarjeta de crédito, y que la Infanta ni siquiera conocía la clave para usarla. ¿Cómo se produjeron dichos gastos particulares y femeninos?

En general, los inculpados han llegado a un acuerdo entre ellos, y el giro que han tomado las declaraciones es culpar a la Casa Real, a los asesores de la misma, o al abogado del Rey. De esta forma se descargan ellos de responsabilidades, echan balones afuera, como coloquialmente se suele decir, y tratan de hacer ver que ni el Sr. Torres, ni el Sr. Urdangarín, ni las esposas respectivas, han hecho nada mal, pues estaban asesorados además de por los citados anteriormente, por un alto cargo de Hacienda, que también ha salido a la palestra de culpables colaterales.

Por lo demás, ya sabemos que una gran defensa es contestar: no lo sé, no lo recuerdo, esa no era tarea mía, o a eso no voy a contestar. Lo que todo recordamos de ver en las películas es aquello de: "¿Jura usted decir la verdad, toda la verdad y nada más que la verdad?", pero en la realidad sabemos que la ley te deja el atajo, que más que atajo es una autopista para la mentira o el engaño. La ley permite que el presunto culpable se pueda negar a declarar, e incluso que pueda mentir para defenderse o salvarse. Así está el patio, y estos del caso No'os traen la lección bien aprendida, se han forrado con dinero público, a veces, presuntamente, sin hacer nada, pero ellos no saben nada del asunto, no recuerdan la otra parte, y la que recuerdan es responsabilidad de la Casa Real y sus asesores, abogados, etc. ¡Marchando una de perdiz mareada con guarnición!

UNA VIDA ARTIFICIAL Y PELIGROSA

Vivimos una vida artificial que las leyes permiten para beneficiar y dar prioridad al comercio, antes que mirar por la salud de las personas. Esta es la situación actual y que nadie se llame a engaño. En las principales ciudades tienen que tomar medidas, frecuentemente, para parar el tráfico, ralentizar la velocidad a la que se puede circular, o permitir el uso de vehículos con alternancia, según sean pares o impares los números de sus matriculas. ¿Esto que lo hacen para molestar a los ciudadanos? – ni mucho menos. Se hace porque los niveles de contaminación en el aire son tremendamente perjudiciales para la salud. Porque hay demasiadas sustancias nocivas disueltas o en suspensión en el aire. Los fabricantes de automóviles y los productores de combustibles fósiles, mandan. Sus imposiciones hacia los Gobiernos permiten que sus prácticas de negocios primen sobre nuestra salud.

No estamos a salvo ni siquiera en nuestras viviendas, pues la propia degeneración de los materiales constructivos, así como la naturaleza de algunos de ellos, son en sí mismos una fuente de contaminación que se transmite al interior y es respirada, o se pone en contacto con los ocupantes de las mismas, provocando, a la larga, enfermedades crónicas o graves. Puede también ocurrir que la vivienda se haya construido sobre un terreno no adecuado, o que haya sido rellenado con materiales sobrantes de minas, que lleven una buena cantidad de sustancia tóxica o radiactiva, que posteriormente se libere en forma de gas y se introduzca por las grietas del sótano de la casa, como sucede con el gas Radón, responsable de un gran número de cánceres de pulmón. El gas Radón no huele y es invisible, tan solo se puede detectar haciendo las correspondientes mediciones con los equipos específicos para ello.

Hay otras fuentes de contaminación y peligro para nuestra salud, como son la insuficiente ventilación de las viviendas. También la contaminación de los sistemas de ventilación de los edificios, el uso de plaguicidas y otros productos fitosanitarios, en las inmediaciones, suministrados en proporciones no adecuadas o de un modo poco apropiado. El uso de desinfectantes, productos de limpieza, etc., que incluyen cantidad de productos químicos en sus composiciones, que se evaporan y son respirados. Los gases procedentes de la combustión, por ejemplo: del tabaco, las cocinas, el termo de butano, o los gases procedentes del tráfico rodado o las chimeneas de las industrias.

A todo lo dicho, que es a todo lo que estamos expuestos a diario, tendríamos que añadir la cantidad de sustancias extrañas que introducimos en nuestros cuerpos cuando nos alimentamos: saborizantes, colorantes, acidulantes, potenciadores del sabor, aditivos en general de todo tipo, que a la larga producen daño en nuestras funciones vitales. Sobre todo cuando se consumen con regularidad productos industriales, enlatados, manipulados y preparados para hacerlos llegar en buenas condiciones y puedan aguantar más tiempo hasta su consumo, se les atiborra de conservantes y toda la gama de aditivos; siempre con la excusa de que son cantidades mínimas como para dañar a nuestro organismo. El problema es que un poquito de este alimento, otro poquito de aquel otro, etc., son demasiados poquitos, que se acumulan en nuestros cuerpos. ¿Es una vida artificial y peligrosa, o no lo es?

NUEVA LECTURA DEL CAMBIO HORARIO

¡Qué alegría levantarse, y ya tan temprano, la oscuridad se ha despejado! Miras por la ventana y ves que ha amanecido. Es un placer que durará poco, porque vendrá la norma absurda a jorobarlo, cambiará el horario y volveremos a echar el pie al suelo con la oscuridad, y eso no mola. Nunca he entendido lo del cambio de hora, aunque siempre nos han querido hacer ver que es por ahorro energético. Vamos a suponer empresas que tengan diferentes horarios, a ver qué sucede con ellas. En primer lugar una empresa que tenga horario de mañana y tarde, vamos a suponer que entran a las 9h salen a las 14h, vuelven a entrar a las 16,30h y salen a las 19,30h. Con ese horario, en estos momentos, no tiene que encender la luz, excepto, quizá, la última media hora. Si entran una hora antes, no tiene necesidad de encender la luz en toda la jornada.

Veamos ahora una empresa con horario continuo, supongamos de 8h a 16h. En estos momentos no tiene que hacer uso de la luz, pero cuando entren una hora antes es muy posible que tenga que encender la luz esa hora. Y si la empresa comienza a trabajar con anterioridad a las ocho de la mañana, peor aún con el adelanto horario, más horas con la luces encendidas.

El siguiente caso no merece ser estudiado, pues serían las empresas con horario veinticuatro horas, a las cuales no les afecta el cambio de horarios.

Por último, los centros comerciales, que abren ininterrumpidamente desde las 10h hasta las 22h. Estos necesitan encender, atendiendo a la luz exterior, desde las 19,30h hasta que se marchan, pero no es real, puesto que estos centros comerciales tienen todo el día las luces encendidas, como casi el resto de las empresas con independencia de sus horarios. Cuando cambien los horarios van a seguir consumiendo, poco más o menos, la misma energía.

Por tanto, es incomprensible lo de los cambios de horarios, a no ser que se persiga un componente oculto, que quedaría feo revelar: que se necesita al personal más recogido, menos festivo, que es a lo que invita la alegría del día llena de luz desde que uno se levanta. Es como si esa euforia fuera contraria a rendir en las empresas, y la gente estuviera pensando más en divertirse, o preocupada por lo que va a ser cuando salga, que en cumplir con sus tareas en la empresa. No les quepan la menor duda de que la manipulación puede llegar a estos extremos. Dense cuenta que salir para trabajar con un día tan hermoso, con esta luz de la que disfrutamos por el sur, con magnificas temperaturas, sinceramente invita a disfrutar de la vida, no a encerrarse entre cuatro paredes, y menos, a seguir los dictados, o las presiones de algunos jefes pocos comprensivos.

Y como vivimos en un país, en el que hace ya tiempo que las políticas son dictadas por ciertos poderosos, aquí se hace lo que más conviene a ellos y no a los ciudadanos. Y si para rendir más, como casi siempre, se hace a costa de la felicidad de los obreros, pues ellos dirán que así sea. Porque aquí pocos entienden que las personas son más eficientes cuando se sienten motivadas y alegres. Y para eso, es necesario sentirse respetado, considerado, valorado, dignamente pagado, y no solo un muñequito de una cadena de montaje, o el chico de los recados, o el chico para todo. Resumiendo, nos han engañado con el ahorro energético, para así, estar el Estado encima, dirigir y estar presente en nuestras vidas: le cambio el horario que tanto le gusta, le exijo que presente la declaración de la renta en tal fecha, etc.

¿QUÉ SE CUECE EN LA COCINA POLÍTICA?

Hay movimientos incomprensibles en el mundo político, PSOE quiere reunirse con PP, pero no desea formar gobierno con él, tan solo lo quiere para que apoye algunos cambios constitucionales, para los que, según Pedro Sánchez, el PP es necesario por su mayoría en el Senado. ¿Se puede ser tan inocente como para creer que a alguien se le puede dar de lado para unas cosas y contar con él para lo que a ti te conviene?

La moda ahora es ser de centro, ¡malditas etiquetas!, no deberíamos ser de nada, ni centro, ni derecha, ni izquierda; si fuéramos inteligentes solo seríamos personas tratando de crear un escenario óptimo para vivir lo mejor posible todos, sin dejar a nadie al margen del progreso y el bienestar. El centro se interpreta como lo moderado, "es donde la gente no rompe un plato", al menos es lo que cree la gente, y es lo fushion de la política de hoy. La gente tiene miedo infundado a otras ideologías, a las que llaman radicales. Las gentes tienen miedo de que las cosas cambien, porque les producen inseguridad, quieren lo que conocen, por eso utilizan el dicho: "más vale malo conocido que bueno por conocer".

CIUDADANOS tiene el As metido en la manga, tratar de que se haga la gran coalición: PP, PSOE, C's. PSOE quiere sumar imponiendo al resto de formaciones el pacto o acuerdo alcanzado con CIUDADANOS, y el resto no quiere saber nada de las políticas de C's, que dice haber incluido en el pacto el ochenta por ciento de su programa. Los ciudadanos no podemos entrar en la cocina, y por eso desconocemos lo que realmente se cuece en los fogones. Ahora PODEMOS convoca a las fuerzas de la izquierda y se descuelga IU-UP diciendo que no tiene sentido reunirse si PSOE no completa el encuentro a cuatro. Esto es un galimatías incomprensible, que se da mientras el reloj corre.

Hay una pelea por el control de lo que se vaya a hacer en la próxima legislatura, y cada cual aplica la medida de fuerza que cree oportuna: PSOE hizo el pacto con C's para poder decir: tenemos 130 escaños, tenemos mayoría con respecto al PP. Ahora desde esa mayoría pactada quiere mover ficha, y no está mal como punto de partida, pero el acuerdo no puede ser "palabra de rey", y por tanto inamovible. Si quieren que los demás se sumen, el acuerdo alcanzado con C's ha de poderse matizar, sumando o restando puntos de los programas de los que lleguen con el propósito de confluir con ellos. Si esto fuera así, no debería haber problemas para que PODEMOS, COMPROMÍS e IU-UP, se sumaran.

No puede ser una descalificación al pacto la sola presencia de C's en las negociaciones. Sin embargo, si sería reprobable que PSOE y C's no admitieran la modificación de su acuerdo, pues ya se ha oído algo así como que no admitirían que se le cambiara una coma, y la imposición a la fuerza, no es nada democrática, ¿no creen?, sobre todo, cuando se necesitan aliados para sumar y sacar un proyecto adelante. Por tanto, habrá que pactar sobre la base del acuerdo previo que ya tienen PSOE y C's, un nuevo acuerdo que satisfaga a todos los partidos políticos que participen de él.

Hay que dejar a un lado los colores y las sillas, porque lo primero es pactar las políticas a seguir. Es obligado sentarse con todos y tratar de confeccionar el acuerdo.

EL NUEVO AUSCHWITZ

El Derecho Internacional de dar asilo a los refugiados ha caído en saco roto. Los dirigentes europeos se quiebran la cabeza para evitar acogerles en sus países. Blindan las fronteras, aumentan y se recrudecen las acciones policiales en los límites de los territorios, se incentivan a otros países para que hagan de tapón en el libre transito de refugiados, y por último, se está organizando la devolución de miles de ellos a Turquía.

Lo cierto es que mientras todos los países europeos, incluido el nuestro, incumplen el Derecho Internacional y los Derechos Humanos, cientos de miles de personas y niños duermen al raso, en pleno invierno, bajo las lluvias y las heladas; desnutridos y en pésimas condiciones de salubridad, algunos descalzos sobre el lodo, pasando el día en contacto con la humedad del terreno anegado.

Muchos dijeron que este éxodo era lo más parecido al que se dio en la segunda guerra mundial, y no se equivocó. Los campos de concentración son las alambradas de las fronteras, los barracones son las escasas tiendas de campañas de las que no todos pueden disfrutar, y el hambre o el peligro de enfermar y morir, también están muy presentes. La represión policial no ha faltado a la cita, para agravar las malas condiciones, que ya de por sí, están sufriendo hombres, mujeres, niños y ancianos.

Ya Tenemos el nuevo Auschwitz, el nuevo campo de exterminio europeo, porque si los dirigentes no se ponen las pilas y cumplen con el derecho internacional, los refugiados, desatendidos, comenzarán a enfermar y a morir. El problema no se soluciona mandándolos más lejos y quitándose a toda esa gente de la vista. Las muertes se van a suceder igualmente, y los responsables tienen nombres y apellidos, son los responsables de cada Gobierno de los veintiocho países miembros de la UE. Cuando esto suceda, dirán que hicieron todo cuanto pudieron, se lavarán las manos, y esos genocidas se irán a casa, jubilados, millonarios, y a disfrutar de su pensión dorada. El resto del mundo, organizaciones, etc., mirarán para otro lado como si toda esta tragedia humana no fuera con ellos.

Estamos sufriendo una crisis, pero no solo es una crisis económica, sino una crisis de valores humanos, y esta va a tener muchas peores repercusiones, y más directas, que la del dinero. Aquella está siendo una estafa para todos, pero la que van a orquestar, los actuales dirigentes europeos, no tiene explicación ni perdón. A la gente no se le puede dejar tirada a su suerte. No se le puede dejar abandonada. Hay que socorrerle, hay que auxiliarle, y hay que procurarle una estancia digna. No se le puede tratar como si fuera un rebaño de animales en una dehesa. Es duro hablar así, pero es más duro ver con impotencia lo que los señores millonarios le hacen a unos pobres que huyen de la guerra y la destrucción. ¿Cómo se verían ellos hacinados en campamentos ubicados en un barrizal, sin alimentos, sin agua, sin un aseo, sin servicios de ningún tipo?

Es muy fácil tomar medidas desde los sillones de piel de los parlamentos, tonteando con los iPhones y las tablets, los más atrevidos con sus portátiles; sin que les reclamen los afectados. Durante estos incidentes, los parlamentos deberían encontrarse al pie del tajo, al lado de uno de esos campos de concentración.

NUESTRO DINERO NOS CUESTA MUCHO

Ayer dieron la noticia de que el BCE (Banco Central europeo) iba a facilitar el dinero al cero por ciento de interés, con el objeto de favorecer el crecimiento económico. Suena como bastante rimbombante, casi optimista, y lo peor de todo, es que hay muchos españoles que se lo habrán creído.

El dinero que tiene el BCE procede de todos los ciudadanos de la UE (Unión Europea), que se aportó en proporción a la riqueza de cada país. Es dinero de todos nosotros, que graciosamente decide el BCE prestar a las entidades bancarias y grupos inversores al cero por ciento, para que puedan, estos, comprar deuda a los países que la emitan y necesiten dinero para financiar su mala gestión. Dinero que se devolverá a un interés determinado, según sea la prima de riesgo en ese momento. O sea, España necesita, por su mala gestión, dinero y no puede simplemente pedirlo a quién se lo dejó, al BCE, sino que tiene que prometer devolverlo con un coste millonario, que serán beneficios para un grupo inversor o banco, que no expone nada, porque, a su vez, el BCE se lo habrá prestado para que se enriquezca con dicha transacción, al cero por ciento. ¿Ustedes entienden algo?

Hay dos asuntos que me abordan la mente inmediatamente: por qué el BCE no presta directamente el dinero a los países necesitados, y en segundo lugar: por qué el BCE no ayuda a mejorar la economía de los países eliminando los intermediarios. Pues, se ve con claridad infinita que el BCE, que son los países que han puesto su dinero para que este banco exista, aprovechan los recursos de los países, su PIB, el dinero de su gente, para que se sane el sistema financiero del país, o sea, los bancos y todos aquellos buitres inversores que acuden cuando huelen el olor de la muerte.

La maniobra es tosca, burda, amoral y desvergonzada, pero no culpo al BCE, culpo a los Gobiernos de todos los países integrantes de la UE, que arrodillados ante los pies de los banqueros y los grupos de inversión, redactaron unos acuerdos contrarios a los beneficios y el bienestar de todos los ciudadanos europeos, para que los grupos financieros se puedan lucrar de esta estafa llamada crisis. Así que cada vez que dan la noticia en cualquier informativo de que España ha colocado en los mercados algunos miles de millones de euros de deuda; no es más, que algunos usureros del dinero ha recogido dinero a coste cero, procedente del BCE, para comprar deuda de la que nuestro Gobierno, orgullosamente, emite, para que algunos de esos desaprensivos se forren. Dije: "orgullosamente", porque después nos ofrecen la noticia como positiva, ¡serán idiotas!

Lo primero sería hacer una buena gestión de los gastos e ingresos del país para no tener que necesitar pedir "nuestro dinero", para no tener que devolverlo con intereses. Además, si los Gobiernos hubieran mirado por lo público, por usted y por mí, por todos, no hubieran aceptado este sinsentido, y hubieran exigido que el BCE les prestara al cero por ciento, como hacen con los bancos ajenos a lo público, sin intermediarios. Pero como a los Gobiernos solo les interesan las transacciones comerciales, engordar la cartera de sus amigos y las suyas propias, pues esto es lo que ocurre. ¡Viva, el BCE, presta nuestro dinero al cero por ciento, sigan celebrándolo!

YO ME PLANTO

Yo me planto, este es mi deseo, no quiero seguir alimentando un mundo irreal, construido en la mentira y soportado por la misma. No deseo ser parte o contribuir a un mundo desnaturalizado y deshumanizado. Si analizamos apartado por apartado de este mundo que hemos creado, mucho es materialismo y egoísmo, arrogancia, revanchismo y prepotencia. Faltan los valores morales, faltan los sentimientos, el amor, la educación y el respeto.

Estamos peleando entre nosotros, compitiendo con nuestros semejantes en lugar de proyectar algo en conjunto. Nos dedicamos a sustituir la obra de otros, para hacer prevalecer la nuestra y, mientras tanto, el tiempo pasa, la vida se va consumiendo y la locura de las carreras no cesa. Corremos hacia muchos lados a la vez, estamos muy dispersos. Actuamos sin ton ni son, queriendo atender tantos asuntos que nuestras capacidades se ven rebasadas, al menos, se encuentran al límite del estallido.

Se ha instalado un método de vida que a pocos satisface. La gente no sabe para qué sirve, para qué tiene cualidades, y la educación escolar o familiar no sabe descubrirlo ni fomentarlo. Hay una línea fijada de compromisos y de "normalidad", que conduce nuestros pasos como si fuéramos zombis. Al mismo tiempo, hay un grupo más o menos numeroso de personas que han descubierto la grieta del aprovechamiento del esfuerzo de los demás. Es una forma de esclavitud moderada, en la que imponen qué hacer, cómo hacerlo, y en qué condiciones se compensan esos esfuerzos. Todos lo pagamos, además de con nuestros esfuerzos, con el tiempo de nuestra sagrada vida, con muchos disgustos y mucho sometimiento, a veces, contrariados, disgustados, y con algunos llantos. ¿Quién no ha pasado o está pasando por ahí?

A mi solo me quedan las ganas de decirlo otra vez: "Yo me planto". Estoy harto de que unos pocos se hayan hecho con el timón del barco de nuestras vidas. Somos nosotros, los ciudadanos los que deberíamos fijar las condiciones del sistema político. Los que deberíamos pactar las leyes por las que nos queramos regir. Es nuestra vida, es nuestra sociedad, son nuestros dineros y, por tanto, deberíamos ser nosotros los que dispusiéramos el modelo de sociedad que queremos, para vivir del modo que nos apetezca a los ciudadanos, no a los banqueros, no a los políticos, no a los usureros del dinero y la explotación humana.

Hace tiempo que todos esos nos dejaron de escuchar. Hace tiempo que todos esos lo vieron claro, entendieron que tenían a su servicio un potencial humano al que extraer el jugo, en forma de rendimiento productivo, siempre rigiéndose por la famosa frase: "conseguir el máximo beneficio, con la mínima inversión". De esta forma nos han ido ninguneando, hasta solo ser un número de NIF que contribuye con sus impuestos, en la cantidad que estipulen nuestros empleados, para que alcance todas sus malversaciones de capitales, los sobreprecios de las obras, las comisiones y la financiación ilegal de los partidos políticos. Todo sale de nuestros bolsillos, en la medida y fecha fijadas por nuestros empleados. Pero es que estos son unos empleados muy especiales. Son ellos los que dicen cuanto van a ganar, cuales serán las subidas salariales de ellos y las nuestras; por supuesto, las de ellos no tienen nada que ver con las nuestras. Ellos se harán ricos al final de su legislatura, nosotros seguiremos unos pobres dependientes de nuestros precarios trabajos. Esto es una realidad que soportamos porque somos unos calzonazos. No nos atrevemos a exigir en serio un cambio de rumbo de todo este disparate, ¿saben por qué no tenemos fuerza?, pues porque no nos unimos, peleamos entre nosotros, y de esa desunión se valen los "listillos" de turno para imponernos sus condiciones, las que más les benefician a ellos y a su sistema blindado de privilegios. Eso sí, a nuestra costa. La fiesta la pagamos nosotros por gilipollas.

EL JUEGO DE LOS AVARICIOSOS

Los banqueros han encontrado a los tontos que recomponen lo que ellos han roto. Han jugado a ganar dinero descabelladamente, sin ton ni son, comprando y vendiendo papel, contratos e hipotecas a grupos inversores. Han dado créditos sin tener en cuenta el riesgo que asumían cuando concedían los prestamos a personas con recursos limitados, pero no importaba, lo importante es dar muchos créditos y hacer paquetes de hipotecas basuras que, rápidamente, se les endosarán a otros antes de que estallen en sus manos; o sea, antes que las personas con condiciones precarias comenzaran a no poder devolver los plazos mensuales. Ese ha sido el vivir por encima de nuestras posibilidades, así es como cargaron sobre nuestros hombros la desastrosa gestión financiera que engordaba con la burbuja inmobiliaria. Mucho mejor que yo, lo explican el profesor Juan Torres y Alberto Garzón en el libro que escribieron conjuntamente: "La crisis financiera, guía para entenderla y explicarla".

Además de nosotros, los tontos, también es necesario que el sistema y el Gobierno se pongan del lado de los usureros del dinero, como así viene siendo desde hace años. Ellos en su avaricia han jugado fuerte pero se han negado a ser responsable del riesgo y de sus obligaciones, es más rentable que los ciudadanos repongan el montante de sus perdidas, con el pretexto de que los ahorradores pudieran perder sus depósitos. Por otro lado, se ha legislado la protección de los importes de los clientes de los bancos, nuevamente, algo incomprensible, ¿qué tenemos que ver los ciudadanos con los negocios privados entre banqueros y clientes? Son entidades privadas que se han repartido miles de millones entre sus accionistas, presidentes, etc., para que cuando llegó la hora en la que le vieron las orejas al lobo, y habían dejado el panorama financiero del país hecho unos zorros, urgieron de los políticos que fueran a su rescate con nuestros dineros. ¿Hasta cuando vamos a seguir engañados por los políticos?

Todo lo que estamos sufriendo tiene unos responsables bien identificados, y hay una cantidad de moscas alrededor de la mierda que se dedican a encubrir a esos ladrones. Sí, son ladrones, no puedo llamarles de otro modo. Casi todos operan con sociedades pantallas en paraísos fiscales, por lo que no contribuyen en España, mientras se llevan los millones de euros de este país. Botín lo hizo, está más que probado, pero ni Hacienda, ni el fiscal del Estado, se atrevieron con el usurero. Es más, inventaron la doctrina Botín, un subterfugio para librar al delincuente, por ser uno de los principales banqueros del país. ¿Quién sabe cuál sería el tejemaneje que hubo de darse con los políticos, para que le sacaran impunemente por la puerta de atrás de la justicia?

El caso es que la crisis que padecemos es injusta para todos nosotros, no deberíamos estar sufriéndola. Ellos han sido los que la han creado, y son ellos los que tendrían que pagar. No se le debería haber ingresado en sus entidades ni un solo euro, ¿acaso los banqueros han repartido sus beneficios con todos los españoles?, ¿qué han hecho los banqueros cuando el Gobierno les ha rescatado con miles de millones de euros? – cerrar el grifo del crédito, blindarse sus pensiones y repartírselo entre los accionistas. ¿Esto no lo ve nadie en el Gobierno? – claro que lo ven, pero están de su lado. Votamos a gente que gobierna en contra de nosotros, espero que llegue el día en el que nos demos cuenta del surrealismo estructural y social establecido. ¿Hay alguien que continúe gritando y acusando a estos degenerados? Sí, son degenerados, incivilizados, crueles, despiadados y actúan de una forma deshumanizada. Todo el mundo es libre de interpretar las cosas como quiera, pero al menos, que no nos engañen tan descaradamente. Han pasado historias terribles como consecuencia del jueguecito macabro de las entidades bancarias, financieras y de los grupos de inversión mundiales. ¡Qué hagan lo que quieran!, pero que nos devuelvan nuestros dineros. Nosotros no debimos nunca rescatarles. Solo los Gobiernos que no saben donde están de pie y son igualmente: degenerados, incivilizados, crueles, despiadados y deshumanizados, socorren a los poderosos, desatendiendo las necesidades de los ciudadanos.

HAY QUE HACER FRENTE A LOS DESAPRENSIVOS

Hay que ser críticos. Hay que luchar. Hay que reclamar. Cada uno de nosotros, desde el lugar que crea más oportuno para ello, debe señalar las injusticias que cometen algunos sobre otros. Todos sabemos que esto sucede, cada día, en muchas partes del mundo. Indígenas que son expulsados de sus tierras, porque hay corporaciones que tienen intereses comerciales y de explotación de las riquezas ocultas en esos parajes.

La orografía natural de la Tierra, que se modifica por intereses y capricho de algunos grupos de poder, dando origen a posteriores catástrofes, mal llamadas naturales, pues fueron provocadas por la intervención del hombre.

Los dineros que se gastan en armamento, que es lanzado sin cesar contra poblaciones a las que unos consideran hay que propinar un castigo ejemplar, ocasionando un sufrimiento generalizado y miles o millones de muertos, dependiendo de las dimensiones de la barbarie y la crueldad de los que dan las órdenes.

Enfermedades que son capaces de inventar y hasta propagar en determinadas zonas deprimidas de la Tierra para conocer sus efectos. Pandemias que son capaces de imaginar para que la potente industria farmacéutica venda a todos los países del mundo su supuesta e ineficaz vacuna. Es terrible como se juega con la salud de las personas, al punto, de modificar los medicamentos que curan para que los enfermos nunca recuperen la salud, pues el enfermo en estado crónico es mucho más rentable, va a consumir medicinas de por vida. No perdamos de vista este extremo, las grandes corporaciones no están aquí para salvarnos la vida, sino para hacer negocio y obtener cuantos más beneficios mejor. Por tanto, harán lo que crean más conveniente para conseguirlo, y si con ello, nos tienen que infectar, lo harán. No les quepan la menor de las dudas.

Los poderosos dirigen el cotarro, y persiguen una mayor cuota de poder, son enfermos del dinero y del ordeno y mando. Son soberbios y prepotentes en la mayoría de los casos. Ellos no son nuestra salvación. Ellos van a tratar, por todos los medios, de salvarse a sí mismos. Nos venden a los poderosos como piezas claves de la economía de una nación, les temen porque si se les aprieta se marcharán a hacer sus inversiones en otros lugares, ¡pues que se vayan al carajo!, no podemos vivir martirizados y oprimidos. Tenemos que ser inteligentes y llegar a ser autosuficientes como país. Debemos industrializarnos y ser punteros en investigación y tecnologías. Debemos evitar que esos desarmados vengan a hacer negocio con nuestros esfuerzos. Si tienen mucho dinero, que les sirva para consumir más, pero no para jugar con nuestras vidas. Como pueblo tenemos que valorarnos más, y los primeros que debían hacerlo serían nuestros políticos. Tienen que dejar de comer en las manos de esos miserables. Deben dejar de querer vivir la buena vida subvencionada por esos avaros. Es hora de que representen y trabajen con dignidad por el pueblo, y el bienestar general, al margen de los mandatos de los grupos de poder.

Hay mucho por hacer, porque a la humanidad se le ha dejado de lado. Hay mucho dolor que remediar. Hay mucha desesperación por solucionar. Hay cantidad de crímenes que evitar. Hay mucha gente inútil y parasita de la humanidad, que habría que desterrar. Los ciudadanos tenemos que unirnos más, reclamar y exigir, protestar, movilizarnos, presionarles a todos aquellos que se tuercen, que son demasiados. No podemos consentir que nos sigan engañando y robando. Hay que hacerles frente a todos esos desaprensivos. Hay que despertar del letargo en el que estamos sumidos.

HAY QUE DAR LA VUELTA A LA TORTILLA

Los meses pasan y seguimos sin Gobierno, la gente sigue cobrando y enrocándose, bueno algunos como Rita, cobra y no aparece por su puesto de trabajo, "el gran Senado", inútil pero gran retiro, millonario retiro de políticos descartados y agotados para ejercer funciones públicas.

Habría que estar trabajando desde el minuto uno. No hay tiempo que perder, la deuda hay que pagarla y sus intereses también, aunque habría que auditarla para endosar a cada uno la parte que le corresponda. Lo de la deuda se ha ido silenciando, pero hay gente con nombre y apellidos, que han jugado al Monopoly, "la han cagado" y nos han endosado a nosotros, los ciudadanos, el agujero financiero. Posteriormente, además de endeudarnos, más y más, como país, nos han recortado bienestar social por la gracia que le concedía al Gobierno estar en absoluta mayoría.

Hay mucho por hacer. Hay que reducir los gastos, comenzando por reclamar los dineros robados, con carácter retroactivo a todos los dirigentes de este país, que directamente o a través de su equipo, han metido la mano, más bien las dos manos, en la caja pública. Habría que analizar todas las adjudicaciones, las cantidades pagadas, todos esos sobre costes que curiosamente se producen en las obras públicas, ver a donde han ido a parar los dineros, las comisiones, etc., y cargar con toda la de la Ley contra los malhechores, que como vemos, ha tenido y tiene muchos este país saqueado.

Hay que empezar por cambiar las leyes, para evitar los resquicio de impunidad, que son muchos y aprovechados por los de siempre, los poderosos. Podemos ser ricos si pedimos cuentas a todos aquellos desarmados que se han enriquecido fuera de la legalidad, con el dinero de todos los españoles. El carácter retroactivo hay que ponerlo de moda. La anulación de la prescripción de delitos es una tarea obligada. Auditar cuentas y situaciones de crecimiento fantasma, e impropia, del cargo que se ocupa, es una tarea necesaria para desenmascarar a los "chorizos".

Hace falta un cambio drástico, porque hay muchas deficiencias para poder perseguir y apresar a los culpables de las diferentes legislaturas. Hay cantidad de lagunas en la justicia para poder pedir la compensación del daño provocado a todos los ciudadanos de este país. Ahora se está empezando a hablar de exigir que devuelvan lo robado, ¿es esto serio? En el sentido común de cualquier mortal, desde todos los tiempos, si alguien roba algo, tendrá un castigo su acto, pero al que ha sido robado se le ha de resarcir, ¡digo yo!

Entonces, ante la necesidad de actuar así, contundentemente, aparecen las voces de los que nunca han roto un plato, que alarman a la población diciendo que los que exigen esas medidas necesarias que miran atrás, son radicales. Lo malo no es eso, sino que la gente los cree y se dejen engatusar, como vulgarmente se dice. Tras muchos años de sistemas blindados de privilegios para los gobernantes y unos pocos empresarios, banqueros, etc., cualquier cambio representa ponerlo todo patas arriba, pues hay mucha tela que cortar. Es necesario un código de leyes nuevo, una Constitución nueva, cambiar el concepto de los centros penitenciarios, para que dejen de ser unas vacaciones de cartas y dominós, entre amiguetes o coleguitas. Ser criminal o delincuente en España no puede salir barato, para que aquellos que se dejan corromper, y aquellos que corrompen a otros, le teman mucho más, y sepan que cuando les cojan, no les habrá merecido la pena. Hasta ahora, ha habido cantidad de casos, cientos o miles, que han delinquido porque se han llevado lo más grande, les condenan "cuatro días", no les han exigido la devolución de lo robado, y a la vuelta de esos "cuatro días", se encuentran en la calle y forrados. Esto es lo que tenemos, ustedes dirán qué se hace. O llegan los que le den la vuelta a España, como si de una tortilla se tratara, o seguimos con la mierda bajo las alfombras, y en todos los rincones de todas las Instituciones públicas.

Yo no tengo miedo al cambio, ni al cambio drástico. A mi me apena derrochar recursos, más cuando unos contribuimos religiosamente, mientras otros se lo llevan calentito por la puerta de atrás, otras veces a plena luz del día y delante de nosotros, que es lo que están haciendo, mermando el poder de crecimiento del país, y reduciendo el bienestar de sus ciudadanos. Si es que hasta los jueces, ante tal descaro, comienzan a tacharles de bandas criminales organizadas para delinquir, y están dentro del Gobierno, en las Instituciones, nos están dirigiendo desaprensivos de este calibre, ¡esto no se puede seguir tolerando!

PODEMOS EN LA PICOTA DE LA UDEF

Viene sonando algo acerca de una posible corrupción en cuanto a la financiación de PODEMOS. Dice la UDEF que hay evidencias de que se han financiado ilegalmente de Venezuela e Irán. No sé si existe tal documentación, o es la insistencia del periodista Eduardo Inda que haya llegado a influir fuertemente en ese cuerpo de la seguridad nacional contra el fraude.

Si fuera así, la ilusión de muchas personas, que hemos creído en esos jóvenes universitarios y de los círculos de las calles, de las asambleas del 15 M, etc., habrían llegado a su fin. Tendrán que probar que el delito ha existido. Tendrán que juzgar, y ya veremos qué resulta de todo este ruido, porque espero que todo esto solo sea un canto de sirena de quienes, como Eduardo Inda, tienen atravesados a la formación morada.

Pero, insisto, si la gente de PODEMOS nos defraudan, que parece es el último oasis de aire fresco, habré comprendido que todos los que llegan a la política no están a la altura de la decencia requerida, y que el sistema delictivo implantado es inherente a la función política. Muy mal, nefastamente incomprensible y nada aceptable. No toleramos más mierda, más "dictadores", ni más saqueadores. Tal como hacía Diógenes con el candil, nosotros vamos a tener que salir a las calles, linterna en mano, pero para buscar a los políticos decentes.

Como dije anteriormente, espero que todo sea ruido, pues ya es curioso que el Supremo archivara esta misma acusación, pero tal como marchan las negociaciones para formar gobierno, y lo probable de la celebración de unas nuevas elecciones, vuelve a la palestra el tema. Hay gente haciendo esfuerzos por demostrar a la población española que los de PODEMOS son, exactamente, como el resto de los políticos de los demás partidos. Espero que como hizo el Supremo, solo haya sido un error de apreciación de la UDEF, y no haya nada de nada. Me resisto a pensar que la UDEF pueda reaccionar a las presiones de algunos, y si hay algo, que esté perfectamente demostrado y documentado. Igualmente, si resulta un error de valoración de alguna información o documentación, deberían hacerlo público. Tal como se acusa, hay que desdecirse cuando no se ha hecho lo correcto.

Hay que esperar, pues como ya nos tienen acostumbrados, de PODEMOS han hablado peste. Le han acusado de querer imponer un régimen bolivariano, chavista. Le han acusado de querer llevar a España a la miseria de los supermercados de Venezuela. Le han acusado de terroristas, bueno, de ser lo peor de lo peor. Yo veo gente normales, estudiantes, profesores de Universidad, gente con inquietudes, hartos del choriceo bipartidista y que ser los responsables de la ruptura del mismo, les costó que le tacharan, también, de anti sistemas y poco democráticos. A mi todo eso me entra por un oído y me sale por el otro. Sé que hay demasiados intereses creados en los viejos del lugar, refiriéndome al espectro político, y que les ha costado sudores y lágrimas ceder un poco del espacio que venían ocupando. Ha habido cantidad de gente acomodada en este país sacando grandes beneficios durante muchos años, que han visto con malos ojos la llegada de gente que les hacía peligrar su gallina de los huevos de oro.

BOCHORNOSO ESPECTÁCULO DE LOS AFICIONADOS DEL PSV

Ayer me quedé perplejo cuando vi las imágenes de los seguidores holandeses del PSV Eindhoven, lanzando monedas a unas mendigas, posiblemente de nacionalidad rumanas, atendiendo a su forma de vestir. Estaba presenciando una cinta de lo más cruel, deshumanizado, donde los aficionados del PSV con una falta de educación y civismo total, hacían un espectáculo racista de la pobreza, humillando a aquellas mujeres necesitadas, que competían entre ellas por hacerse con las monedas que aquellos desvergonzados tiraban, mientras coreaban "oles".

Ante tal diversión racista prepotente y degradante e impropia de un ser humano, no hizo aparición ningún policía, que pudiera haber arrestado a aquella masa indigna de estar libres en la terraza de un bar emborrachándose y mancillando a otras personas. En lugares públicos tan concurrido como la plaza donde se encontraban, siempre hay vigilancia policial, más aún, un día de competición futbolística como era el día de ayer, pero casualmente, los recortes han llegado a la policía o alguien no quiso ensuciar la imagen de la confrontación deportiva en la ciudad de Madrid. Sin embargo, para vergüenza de la humanidad, allí estaban esos energúmenos, para mostrar al mundo cuán bajo se puede llegar a ser, cuán miserable puede llegar a tornarse las personas faltas de principios, como dejaron esos tipos bien patentes.

Fue un fiel reflejo de cómo el mundo desarrollado trata al mundo pobre, de la falta de conciencia de algunos, y de que sus bases educativas no han quedado arraigadas en sus personas. Fueron imágenes de esas que te dejan helado/a, pero sin exagerar. Las comenzaron a emitir y me causaron estupor, no podía creer lo que estaba contemplando. Jamás se me podía pasar por la cabeza, que todavía podía haber individuos que hicieran de la desgracia ajena un motivo de diversión tan asquerosamente repugnante, como el que hicieron esas decenas de aficionados, que debieron haberse perdido el partido; pues desde ese mismo instante, perdieron su derecho a deambular libremente por la ciudad.

A veces, los intereses deportivos priman sobre la dignidad de las personas, y parece increíble que no actuara la policía. Si no estaba en la plaza, estoy seguro de que si alguien hubiera llamado, la policía hubiera acudido. Sin embargo, debió parecerle gracioso el bochornoso espectáculo a los mismos camareros de los bares, en cuyas terrazas estaban sentados esos animales. El negocio, es el negocio, y tenían la terraza llena de gente consumiendo, pero a qué precio.

La gente que venga a gastar dinero mientras insulta a otros, o crea altercados, mejor que se quede en su país. Se trata de prohibir el racismo dentro del terreno de juego y, sin embargo, los aficionados del PSV lo manifiestan en público en un acto bochornoso de superioridad económica. España no puede ser el lugar donde los maleantes vengan a hacer fiestas sexuales, a saltar borrachos desde los balcones, a insultar a la gente o a imponer su ley. Esa gente alborotadora solo crea problemas, su dinero ensucia nuestras ciudades, trae conflictos, trasnocha molestando a los lugareños que tienen que levantarse temprano para trabajar, se orinan en todas las esquinas, rompen botellas, manchan el acerado de restos de bebidas, y dejan mucho que desear.

DISCREPANCIAS EN PODEMOS

Sigue la lucha en el seno de PODEMOS, y es que hay cosas incomprensibles. Corriendo los tiempos políticos que corren no se pueden hacer ciertas cosas: No es el momento adecuado para pelear la laicidad de España, renombrar calles franquistas, ofender a quienes podrían ser tus compañeros de legislatura, opinar sobre temas ajenos al partido y cercanos al terrorismo, convulsionar el partido, que la gente comience a dimitir de sus cargos o se destituyan, me temo, por apuntar hacia otro lado.

Hay que tener cabeza, que no es mentir a nadie, pero cada debate tiene un momento y un lugar a propósito para ello. En este caso, se ha destituido a Sergio Pascual, el número tres de PODEMOS, una muestra clara de discrepancias dentro del partido, aunque hayan dicho que es por ineficiencia en sus funciones, por no haber podido remediar el revuelo, que desde hace unas semanas, suena en varias regiones del país.

Creo que es porque hay división de opiniones en cuanto a si se debe pactar con PSOE o no. Hay un sector más radical en PODEMOS que no quiere ceder nada y al que le gustaría romper la baraja e ir a nuevas elecciones. Hay otro sector más moderado, al que no le importaría llegar a un acuerdo con PSOE, e incluso C's, porque no interpretan estar de acuerdo con la ideología de ambos partidos, sino que valora el principio de acuerdo puntual de políticas que beneficien a la ciudadanía.

Voto a PODEMOS desde su nacimiento, pero no veo mal pactar puntualmente con nadie. Programas sobre la mesa y acercamiento de posturas, principalmente, para que se beneficien los ciudadanos y ciudadanas de este país. Para eso están los políticos, no para eternizar una rivalidad de izquierdas y derechas. Evidentemente, las políticas de unos y otros se dirigen, muy posiblemente, hacia fines diferentes, pero esto no quiere decir que si se hace un acuerdo que beneficie a la gente, al margen de las ideologías propias de cada partido, sea un impedimento para sumarse.

No se ha de llegar a la política para destacarse o decir las frases más rimbombantes o malsonantes. El Parlamento no es un escenario teatral cómico, por mucho que se le pueda parecer en multitud de ocasiones. Las largas acusaciones que se hacen los unos a los otros no es más que tiempo malgastado, y titulares para los medios de comunicación. Hay que estar para otra cosa. Hay que hacer propuestas, y si hay que sonrojar a algunos, que sea por su incapacidad para apoyar medidas evidentes que van a beneficiar a la gente de este país.

No creo que lo de Sergio Pascual sea un problema de ineficiencia, que la hubiera mostrado, mucho antes, en estos dos años al servicio de PODEMOS. Todos les hemos podido ver en los debates de la Sexta Noche, correcto y peleando por el ideario de su partido. También le hemos visto en los mítines, luchando y apoyando su organización y a sus líderes. Creo que no ha sido ni mejor ni peor que cualquier otro militante de PODEMOS, pero si no se está con el que manda, tiene sus consecuencias aquí y en Pekín. Por tanto, el de arriba, como siempre ha sucedido, limpia el camino de posibles sombras que le pudieran hacer. Poco ha cambiado esta organización, mirando con una visión retrospectiva. Los métodos resultan similares a los de siempre.

Como dice Pablo Iglesias, ni el desplante de los de Madrid ha llegado en buen momento, tampoco mucho de lo que se hace o dice tiene nada que ver con el tiempo político, y desde luego, para cesar gente de la organización, no es el mejor momento. Todo ello tan solo hace ruido en los medios de comunicación, favorece la idea de la ruptura interna del partido, y de cara a unas posibles elecciones, no va a ayudar en nada.

LA GENTE TIENE QUE MANDAR Y DECIDIR

Ya es tiempo de que los ciudadanos hablemos y los políticos, solo, gestionen lo que decidamos. O sea, que constantemente se celebren referéndums por Internet de iniciativas que los ciudadanos hagamos llegar al Parlamento. Posteriormente, los políticos como los productores cinematográficos, localizadores de entornos para filmar, etc., busquen los medios para que lo que pidamos los ciudadanos se pueda realizar, pueda llegar a ser una realidad.

Empecemos por fijar los requisitos que han de tener los que pretendemos gestionen lo que queremos. Fijaros que siempre me expreso en los mismos términos. Solo podemos hablar de ellos como empleados públicos, a quienes deberíamos fijarles los salarios, los horarios, las funciones, etc. Deben sentirse controlados y evaluados como otro trabajador cualquiera, y si nos hemos equivocado al contratarlos, debemos cesarlos, hay que despedirlos.

El país debe ser lo que los ciudadanos y ciudadanas queramos, para eso somos los que costeamos "la fiesta". Las leyes debemos fijarlas nosotros, para tratar de hacer justicia en todos los casos de delincuencia, pero aún más, cuando se trate de un agravio a lo que es de todos. Debemos eliminar la prescripción de delitos, y cuando se prevea que hay infracciones graves sin sentenciar a sus actores, hay que legislar con carácter retroactivo, si hiciera falta, para hacer pagar a los delincuentes.

Debemos ir a por el país ejemplar que debiera ser España. Un país en el que se haga un plan de formación real, ajustada a las necesidades reales del mercado y a las funciones prácticas y diarias de la actividad laboral que se trate. La enseñanza actual, muchas veces, es obsoleta, se tratan temas o equipos antiguos, en desuso. En otras muchas ocasiones carece de prácticas en la vida cotidiana, no en un taller o laboratorio, que también se puede experimentar en esos lugares, pero es necesario que al tiempo que se recibe formación teórica, se esté integrado en una empresa durante todo el tiempo que duren los estudios. Es la única forma de terminar teniendo experiencia válida, y seguridad, para iniciar la andadura laboral en el mundo real.

Hay que pelear a muerte por la industrialización del país, para llegar a conseguir una España próspera, donde todos tengamos trabajo. Esto es fundamental, la gente no se mantiene del aire, tienen necesidades básicas y urgentes. Hay pagos que atender, y no se soluciona esto con 426 , de ninguna manera. Todas las personas en edad de trabajar y que quieran hacerlo, deberían poder optar a un trabajo digno, con un salario digno. Esto no debería ser responsabilidad, solo, de los empresarios, sino de toda la sociedad y del modelo productivo previsto o proyectado. Lo malo es que no tenemos proyecto, fue el turismo en un principio, y el ladrillo después, ¿qué nos queda de eso? Ahora tratan de que vivamos de las exportaciones y de un mal entendido sistema competitivo, a base de trabajos precarios y peores salarios. Tenemos que despertar de vivir endeudándonos con la UE, como han hecho los últimos Gobiernos españoles. Hay que pactar un plan, debemos hacerlo entre todos, porque si lo dejamos en mano de los que dicen representarnos, vienen los buitres carroñeros y especuladores, que nos sacarán la sangre.

La gente tiene que volver a mandar y a decidir, pero no solo cada cuatro años.

LOS TRATADOS INTERNACIONALES NO VAN CON LA UE

Ya hay un nuevo acuerdo de los mandatarios de la UE para luchar contra la emigración y los refugiados. Se meten todos en el mismo lote y se acaba antes. Se dice que es un buen acuerdo y que no vulnera los derechos fundamentales de los refugiados, aquellos que piden asilo por estar sus vidas en peligro, pero el caso es que se les devuelve a Turquía, considerando que es un país seguro, aunque hace unos días, unos terroristas hicieran estallar el coche que ocupaban junto a un autobús, causando alrededor de treinta muertes.

Ni Turquía es un país tan seguro, ni Europa está cumpliendo con el Tratado Internacional de Ginebra para dar asilo a los refugiados. Los derechos humanos se volatilizan, pero no en este instante, pues desde que el éxodo de refugiados, hace meses, fue llegando a las fronteras de ciertos países europeos, fueron expulsados mediantes técnicas combativas: gases lacrimógenos, pelotas de goma, empujones y perros agresivos. Las fronteras se cerraron sin permitir el transito hacia los países a los que deseaban llegar los que huían de sus lugares de origen.

Con las prácticas ejercidas contra los refugiados, llevamos meses viéndoles empapados, metidos en barro y peleando por la escasa comida que les hacen llegar. De cualquier forma, en condiciones infrahumanas, como si fuera ganado abandonado a su suerte. Ni el ganado se merece el trato que los dirigentes de la UE les están dispensando a estas personas, entre las que viajan, como hemos tenido ocasión de ver en los informativos, cantidad de niños y ancianos. Familias enteras que se han desplazado huyendo de la guerra y el horror del terrorismo, para encontrarse con un "NO" a ser aceptados o acogidos en países democráticos, que se supone cumplen con las Leyes Internacionales, pero que estamos viendo que es una quimera. Nadie les quiere dar asilo, todos prometieron acoger un buen número de ellos, pero salvo Alemania que dejó entrar algunos miles, el resto de los veintiocho siguen pertrechados como mejor pueden, para no permitir la entrada en sus países de gente extranjera que enferma tirada al raso en cualquier lugar inhóspito.

¿Se acuerdan ustedes de ellos cuando se van a la cama, y se pueden arropar con sus sábanas y sus mantas limpias, en una estancia caliente?, ¿Se acuerdan de ellos cuando se duchan con agua caliente en su baño, o cuando abren los cajones y cogen su ropita limpia, dobladita? Hay miles de gente hacinadas, viviendo desde hace meses en la humedad, enfermando, mal comiendo, sin asearse ni cambiarse de ropa, en una situación incomoda, peligrosa y terrible. Está faltando generosidad y humanidad. Los Estados de los países que integran la UE pueden hacer mucho más de lo que están haciendo, para empezar, cumplir con las leyes internacionales, y no burlarlas como tratan de hacer con el acuerdo que adoptaron ayer, para que sean deportados a Turquía.

Cualquier persona sensata, con un mínimo de valores humanos, siente vergüenza de ser europeo, al menos mientras a esas personas se les siga dispensando un trato tan vejatorio como el que se les viene dando. Es cruel permitir que esas miles de personas vivan metidas en agua y barro, en minúsculas tiendas de campañas que flotan en los charcos, con los calzados mojados todo el día, muertas de frío y de hambre. Esta es la generosidad de la que son capaces los dirigentes europeos. ¡Qué vergüenza!

APAGAR LAS LUCES, UNA MEDIDA HIPÓCRITA

Ayer a las 20,30 h en una acto simbólico de cuidar al Planeta se apagaron las luces, y el Planeta se preguntará: ¿Qué hacen estos hipócritas que se llevan los 365 días del año asfixiándome con los humos de sus vehículos y de las chimeneas de sus fábricas, la desforestación masiva, los vertidos incontrolados de todo tipo de materiales y sustancias nocivas, tóxicas y ajenas a la composición del medio ambiente?, ¿Qué hacen estos descerebrados que me matan a mí, y con ello se aseguran su extinción como humanidad?

¿Para qué sirve manifestarse un día cuando se está contaminando todos los días del año? Se contamina el aire, la tierra, las aguas y se derrocha energía, todos los días. Lamentablemente, el Organismo Mundial de la Salud, dice lo que le interesa y le dejan decir. Del mismo modo actúan el resto de Organizaciones, Gobiernos, etc., nadie habla claro de la situación real de insalubridad existente en el Planeta, gracias a: la adulteración de los alimentos, la contaminación del aire que respiramos, la radioactividad, las ondas electromagnéticas, las emisiones de microondas de la telefonía móvil por ejemplo, aunque también se utiliza para mandar señales inalámbricamente a cierta distancia, ahora lo hacen todos nuestros contadores eléctricos digitales. Nuestra salud se reciente, pero lo hace progresivamente y poco a poco. Nuestras defensas pelean contra todo, y nos adaptamos al ataque masivo de cuerpos y energías extrañas, aunque muchas veces padezcamos graves dolencias.

El progreso se ha impuesto, vino para quedarse, pero no se ha exigido la no producción de vertidos al medio, la no toxicidad de los alimentos, del aire, de la tierra o de las aguas. Como sucede casi siempre, el negocio, el dinero, los beneficios, han prevalecido al bien de todos, a la salud de las personas, o al no deterioro del Planeta. Por eso, el acto simbólico de apagar las luces tiene mucha guasa, carece de sentido en sí mismo, es el claro ejemplo: "A Dios rogando y con el mazo dando".

¡Planeta te quiero mucho, pero te estoy matando! El progreso no puede significar que no se pueda poner freno a ciertos avances, si las repercusiones para la humanidad serán nefastas. Vivimos en una sociedad en la que imperan las órdenes de los poderosos, aunque estas sean peligrosamente descabelladas. Eso es lo que se ha de hacer si ellos así lo quieren, porque en ello les van sus dineros y sus futuros beneficios. Así se ha movido y se mueve la sociedad del capitalismo, pues ya ha quedado, manifiestamente transparente, que los que quieren hacer negocios no tienen piedad alguna. Si hay que bombardear una ciudad o un país para posteriormente ofrecerse a construirlo, lo harán. Si hay que retardar la puesta de largo del vehículo eléctrico, por orden de los productores de petróleo, se hará hasta que el aire sea crudo gasificado, que nos alquitrane y nos inunde de plomo los pulmones. Si se tiene que seguir permitiendo a las factorías que viertan productos tóxicos a los ríos, a la tierra o al aire, quizás a todos a la vez, se hará hasta que muramos como chinches. Les da lo mismo, solo piensan en producir más, en ser más competitivos que sus rivales, y vender más que nadie. Mientras eso sucede, cada minuto siguen los vertidos sin que ninguna Administración exija un filtrado serio, unos equipos de depuración adecuados, o en su defecto, el cierre de la fábrica. Siempre está el hándicap del desempleo, con el que tanto juegan todos: los empresarios y los gobernantes. En esos casos, no estaría nada mal la expropiación industrial, para aquellos que siendo advertidos y sancionados, continúan con su perversión hacia la vida y hacia el Planeta. Se podría hacer mucho más en materia de conservación del Planeta, pero no hay voluntad de hacerlo por parte de la Administración, es preferible apagar las luces una hora, un día del año, ¡ya tenemos salvado el Planeta!

SE CONDENA EXIGIR EL CUMPLIMIENTO DE LA LEY

Como ustedes saben, hace unos días condenaron a Rita Maestre a una multa de 4320 , por ofender los sentimientos religiosos, por su asalto a la capilla de la complutense hace unos años. El Gobierno español es el que incurría en una contradicción, por no decir que incumplía la Constitución, pues violaba el supuesto de que España es un Estado aconfesional. Por tanto, no debería existir una capilla dentro de una Universidad pública. Pues bien, si una persona protesta y exige que se cumpla la ley vigente en el territorio español, ofende los sentimientos religiosos y es sancionada, ¡estamos bien!

Como ocurre desde la antigüedad, el poder legislativo se doblega ante el poder eclesiástico, y casi por imperativo legal se vulnera una condición de nuestra Constitución, a la que tanto gusta arrogarse a los políticos de nuestro país. Los jueces, deberían conocer las leyes y la condición aconfesional que nos hemos dado los españoles en nuestra ley magna, por tanto, protestar y exigir que saquen las capillas y los signos religiosos de los centros públicos no debe ser ningún delito.

Todas las religiones tienen cabida en este pueblo, pero que sean practicadas en sus lugares pertinentes, en sus centros de oficios específicos, en sus templos, en sus sinagogas, mezquitas, etc., pero que no impongan el culto, ni los símbolos, a todo el mundo. Cuando lo hacen pueden estar ofendiendo a aquellos que son agnósticos o ateos, o sencillamente, no sienten la necesidad de encasillarse en ninguna creencia popular.

No hay más, aquí no ha sucedido otra cosa. Se han ofendido los que tendrían que estar practicando sus creencias en otro lugar, porque así lo dice la ley incumplida, pero en ningún caso es culpable la que exige que se cumpla. Esto forma parte de la España al revés que estamos viviendo. La mayoría ciudadana acata órdenes de una minoría que gobierna. Los mismos que siendo nuestros empleados, deberían subordinarse a lo que la población decida, pero es que hace tiempo que le dieron la vuelta a la tortilla, ¡y estamos ya de papas y huevos… hasta donde dijimos!

Comprendo que como Rita Maestre huele a PODEMOS, menciono su apellido, para que no se confunda con la que si que ha herido los sentimientos de todos los valencianos, y que seguro que no tendrá un juicio rápido como se le han hecho a Maestre; bien, decía que Rita Maestre al estar cercana a PODEMOS había que lincharla públicamente cuanto antes, pues ya es característico de los estamentos magnificar negativamente las acciones de esa formación. Sin embargo, la otra Rita, la Barberá, veinticuatro años a los mandos de toda una maquinaria de corrupción, es protegida por el PP y sus afines, no es motivo de un juicio express a pesar del blanqueo express, sino que se le afora permanentemente. Este es el contraste en la actuación, con la única diferencia del apellido, claro, Maestre es nueva y no cuenta con los padrinos con los que cuenta la Barberá.

¡SALGAN DEL ATASCO, SEÑORES!

Harto, como creo que estamos todos, de este periodo de pactos entre los partidos políticos elegidos en las urnas en las pasadas elecciones del 20 de Diciembre, sigo pensando en posibles formas de solucionar esta situación de inmovilismo, ante de vernos abocados a la celebración de nuevas elecciones. Se me ocurre otra manera, parecida a otras que ya he expuestos anteriormente, pero con un matiz diferente. Diré como siempre, el pueblo ya ha hablado, y la forma más democrática y respetuosa con la decisión de los votantes podría ser la siguiente: Se leen las propuestas de los programas que se presentaron a las pasadas elecciones, comenzando por el partido más votado, y terminando por el que menos escaños obtuvo. Cada una de las propuestas se somete a votación de los 350 Diputados de la Cámara, debiendo votarse no por confrontación ideológica, sino por convencimiento, o no, de su beneficio para la ciudadanía. Se aplica una votación electrónica: "SÍ", "NO", "Abstención", y los resultados de las votaciones sobre todas las propuestas de todos los partidos arrojará el programa de Gobierno definitivo que se habría de llevar a cabo. ¿Hay algo más democrático que lo que acabo de exponer?

No todas las buenas ideas pueden venir de los partidos mayoritarios, es muy posible que haya propuestas, realmente buenas, provenientes de los menos votados y, por supuesto, habrá mucho aprovechable del resto. Todos se sentirán representados en las políticas y medidas a llevar a cabo, y se debe poder gobernar sin problemas, pues son medidas votadas por todos, por los 350 Diputados de la Cámara.

De cualquier forma, como todos sabemos, existe cierto desequilibrio porque el valor de los votos para unos y otros no es el mismo. La actual Ley favorece a los partidos más fuertes, a los que cuesta menos votos cada Diputado, o sea, partimos de una base un tanto injusta, pero como los comicios se celebraron bajo esa Ley, no es momento de seguir bronqueando o buscando excusas para no reunirse y pactar. Así que ahí tienen otra forma de poder conformar "el qué o el para qué", al que tanto se han referido los unos y los otros; otro tema será: "quiénes", el reparto de asientos, que no tendrá tanta importancia cuando sean los que sean se vean obligados a seguir el programa confeccionado en conjunto por el método explicado anteriormente.

Ideas hay, formas de hacer cosas diferentes existen, a cualquiera se les puede ocurrir, claro está, menos a los que pretenden alcanzar los sillones, que se llevan todo el día rivalizando y confrontando siglas y colores. Desde mi manera de ver el asunto, todos están tirando miserablemente el tiempo a pesar de que, seguro, no han dejado de llevarse los cuatro mil euros cada mes. Así es muy difícil creer en esta gente, ni rojos, ni amarillos, ni verdes, ni azules, etc., es imposible, se aferran a un sistema estancado, rígido y obsoleto, que permite estas graves perdidas de tiempo y dinero, pero no así el entendimiento.

Lo que expongo no es hacer la revolución, ni poner de moda la guillotina, es algo que usando un poco la cabeza se le puede ocurrir a cualquiera que se interesa por buscar soluciones a un problema, ante el que nuestros políticos, entretenidos en su lucha particular de siglas y colores, no dialogan ni debaten. Es algo normal y de sentido común, que cuenta con todos y no ignora a nadie, porque los programas de sus representantes van a tener el mismo peso, siendo sus propuestas revalidadas, o no, en función de las votaciones, el interés de que los ciudadanos y ciudadanas nos beneficiemos, etc. ¡El sistema es pobre, la mente de nuestros políticos miserable!

LOS SUBTERFUGIOS DEL PODER

Ayer dijeron algo del cambio de la hora, y supongo que con eso ya están arreglados todos los problemas que tiene España y sufren los españoles. Me toca... allí, lo del cambio de hora. Un Gobierno en funciones que no asume responsabilidades de investidura, que no pasa a su Partido por la acción del Milagrito, a ver si se blanquea, se limpia y se desinfecta, pero que sí impone esta manipulación colectiva del cambio horario.

Me fastidia, sí..., me molesta que se juegue con la gente. No me gustan las normas autoritarias cuando han dilapidado tanto dinero público. No hay justificación para cambiar el paso a todo el pueblo. No se tiene autoridad moral para exigir que la vida de los demás no vaya con la luz del día. Me parece una auténtica tontería lo del cambio horario..., sí, lo critico.

Al final después de tanta queja no me queda otra que asumirlo y darle vueltas a las manillas del reloj, porque de otro modo, y aunque estaría dispuesto a no hacerlo, llegaría a todos sitios tarde o temprano, aún no lo sé, pues ni me enteré de lo que debemos hacer, ni me interesó de momento, ni me paré a pensarlo. Es evidente, que cuando un sistema no te aporta lo suficiente y no te llena, difícilmente te hace sentir un defensor de él, sino más bien un opositor del régimen establecido. Mientras estemos gobernados por personas dirigidas por los poderes ocultos, interesados en sus negocios y no centrado en los problemas de los ciudadanos; me es irremediable sentirme anti sistema, tendente a un cierto anarquismo.

Ya sé que gobernar no es una tarea fácil, y quizás nada agradable, pues conseguir el aprobado de todos es tarea imposible. Somos muchos millones de personas pensando de un modo diferente, y contentar a todos puede ser una utopía, pero la falta de carácter y personalidad, venderse al mejor postor, someterse en silencio y a espaldas de los ciudadanos sin denunciar lo que sucede ahí con las hordas de poder, es denigrante. Esto lo vienen haciendo todos los Gobiernos, ofreciendo unas medidas, unas expectativas, y adoptando aquellas que le dicen son las que tocan imponer. Para eso están los grupos inversores, los productores de petróleo, los banqueros y los potentes empresarios, para marcar el paso: "¡recortes... ar!" Votemos a quienes votemos, gastamos muchos millones en elecciones, vivimos unos momentos de falsas ilusiones, y gobiernan los de siempre, los que están entre bambalinas.

¿Hasta cuándo va a durar esta función teatral?, ahora todos unidos contra el yihadismo, todos sacando pecho, etc., pero ¿quiénes siguen suministrando armas a la zona en conflicto?, ¿quiénes se siguen forrando con las ventas y sus comisiones?, ¿entonces, de qué están hablando? Todos acusan de que algunos, en su vida ajena a la política, cobren de Irán, al que tachan de un país que cuelga a los homosexuales o lapidan a las mujeres, pero esos mismos que dicen eso, no acusan al Gobierno español de hacer negocios con Arabia Saudí, que tiene el mismo comportamiento radical y dictatorial, anulador de los derechos de las mujeres. ¡Venga ya! ¿De qué estamos hablando? Sé que lo sabéis, pero hay que decirlo una vez más: "Vivimos en una gran mentira social y política, por la que tenemos que tragar por cojones".

LOS POLÍTICOS ABURREN

Cada día me aburre más el panorama político de nuestro país. Llevamos meses oyendo lo mismo, siempre representan los mismos papeles, los argumentos no cambian y nadie cede. CIUDADANOS dice no estar de acuerdo con un Gobierno en el que llegara a estar PODEMOS, y este a su vez dice lo mismo de aquel. Ambos se amparan en ideologías diferentes que propician políticas económicas distintas, pero sucede, que al no tener mayoría ninguno de ellos, no se puede aplicar ninguno de sus programas, solo es posible acordar ciertas medidas, que es donde se tendrían que haber puesto de acuerdo hace ya un tiempo. No se entienda esto como una reprimenda a estos dos partidos, pues todos los demás se encuentran, en cierto modo, enrocados y poco dispuestos a pactar: PP no admite nada que no pase por un Gobierno presidido por Rajoy, PSOE impone el acuerdo firmado con C's para justificarse a sí mismo no poder hacer otra cosa, o no tener margen de maniobra, y de esa forma impide el acuerdo con toda la izquierda, que sería su espacio natural.

IU-UP demasiado hizo con la poca representación que alcanzó en las pasadas elecciones, en parte por la injusta ley electoral que tenemos. Logró que comenzaran las reuniones a cuatro: PSOE, PODEMOS, COMPROMIS y ellos mismos; en un momento en que las conversaciones entre los interlocutores de los pactos, estaban en stand-by.

Yo debo de ser muy duro de cabeza, pero apenas toco el tema, la idea racional, sensata, con más sentido común y respetuosa con los ciudadanos que hemos votado, sigue siendo la misma: Hay 350 diputados en la Cámara, y hay ciertos partidos representados por aquellos diputados. A su vez, cada uno de esos partidos tiene un programa con el que se presentó a las elecciones del 20 de Diciembre, pues bien, que se hubiera comenzado el día 21 de Diciembre una serie de Plenos en los que se hubieran ido leyendo cada propuesta de cada partido representado en la Cámara, para que todos los diputados una vez escuchada fueran votando su conformidad, disconformidad, o abstención sobre la misma. Así con cada propuesta, así con cada programa. Esto, tal vez, nos llevara varias semanas de trabajo diario, pero no son los meses que nos vamos a llevar de corrillos, cuchicheos, y vacaciones pagadas, que quizás sea lo más grave junto a no tener Gobierno que no esté en funciones.

¿Hay algo más democrático que lo que estoy exponiendo? Una vez fijado el programa votado por todos los diputados, hay gobernabilidad, y el Presidente o los ministros es lo de menos, como si lo quieren echar por sorteo, pues las directrices estarían marcadas por el programa aprobado en votación, en los diferentes Plenos.

Soluciones hay, y cualquiera es capaz de pensar en salidas más eficaces que las que marca la actual ley, que más bien parecería que es de protección de vagos y maleantes, a los hechos me remito. A cualquiera se le puede ocurrir sistemas más viables y más democráticos, o reglas del juego, como gusta llamarles a la pandilla inservible que solo hace llenarse los bolsillos con el dinero de todos. Esto demuestra que la ley falla, es obsoleta, torpe y nada efectiva en esta materia. Lo peor de todo, es que podemos llegar con Gobierno en funciones casi a final de año, pues de celebrarse nuevas elecciones, es probable que los resultados se asemejen a los repartos de escaños que tenemos en la actualidad. ¿Qué hacemos entonces, seguimos con el arcaico e inútil sistema actual?

VEO AL SISTEMA POLÍTICO ENFERMO

Veo el sistema político enfermo, como está casi todas las áreas de la sociedad. No hay actores de la vida política que interpelen a los demás para exigirle respuestas a los problemas que padecemos los ciudadanos. Veo lucha por el poder, por estar en la foto, por manejar y manipular. Veo gente aferradas a sus bases de partido, que no se mueven y vetan a los otros. Al mismo tiempo, hay mucha gente viviendo en este país sin ingresos, otros muchos trabajan y a duras penas llegan, si llegan, a final de mes. Hay gentes que han trabajado muchos años, desde su juventud, y que ahora con los movimientos de especulación de los bancos, perdieron sus trabajos, y no hay quien les rescate a ellos. Muchos mayores, de esos que hemos trabajado toda la vida, estamos abandonados por el sistema actual: sin trabajo, sin ingreso, y con escasas expectativas de que nos contraten.

No veo a políticos que machaquen sobre el tema, ni que se tomen prisas para acabar con la situación. Antes de los problemas ajenos, está la rivalidad entre partidos e ideología, pero ni con la rivalidad o la lucha de ideologías se come. El país sigue sumido en un cierto nivel de pobreza repercutida por la gran estafa llamada crisis, soportada y alentada por los gobiernos presente y pasados, y por los innumerables casos de corrupción, que han supuesto el saqueo continuo de las arcas públicas.

No veo a los políticos aplicar esa urgente lista de prioridades que necesitamos los ciudadanos. Pasan los días, las semanas y los meses, fracasan las negociaciones para componer gobierno, disputan entre ellos, y cada cual tiene sus propios objetivos. Todos han idealizado una España que no hay forma de consolidar. Mientras tanto, los ciudadanos estamos jodidos, no hay gobierno que legisle, y cuando lo hagan, si lo llegan a hacer, ahí está el Senado, con mayoría del PP, para frenar lo que a ellos no les convenga. Y por si fuera poco, tenemos el Art. 135 de la Constitución, para obligarnos a devolver los prestamos de los bancos alemanes y franceses, porque eso es fundamental para el PSOE y el PP, como lo demostraron al firmar conjuntamente ese artículo. O sea, que tenemos el techo de la UE (BCE, Grupos inversores especuladores y FMI) para obligarnos a hacer las políticas que a ellos les convengan.

El PP se ha jactado de difundir el gran crecimiento que experimenta España gracias a las políticas de recortes, pero creciendo, al mismo tiempo, la deuda. Ahora estamos mucho más endeudados con Europa, dineros que pusieron para que una buena parte se fuera a financiar ilegalmente partidos, ayudas a parados que nunca llegaron a su destino, cursos de formación que se lo quedaron los sindicatos, EREs falsos en los que se metían amigos que nunca trabajaron en las empresas que hacían los EREs, cuentas en Suiza y cientos de otros casos de corrupción a lo largo de todo el territorio nacional.

Yo le he dicho como veo el panorama, ¿Usted cómo lo ve? El egoísmo, la avaricia de ciertas personas y organizaciones nos conducen por sendas apartadas de los intereses y necesidades de los ciudadanos. El Sistema político mundial está corroído y corrompido, no trabaja para quienes les eligen y les pagan. Trabajan para sociedades ajenas a la ciudadanía, cuya misión principal es la especulación y la consecución de beneficios a costa de lo que aportamos entre todos.

SEGUIMOS DORMIDOS

En estos últimos días, que he estado más corto de inspiración para escribir, he preferido compartir con ustedes algunos videos interesantes, así no solo es una exposición constante de mis pensamientos, sino que de cuando en cuando, es muy bueno oír otras voces. Yo siempre les voy a exponer cualquier tema desde mi punto de vista, por eso es tan importante oír a otros, para posteriormente llegar a formar un criterio propio. Lo malo del sistema es que si uno siempre escucha a los que están limitados por "lo políticamente correcto", la información se convierte en un rumiar las mismas ideas de base, vestidas con diferentes trajes. Cuando uno escucha las tertulias argumentan cosas de una manera determinada, que se parece mucho a cuando escuchamos a la gente en la calle, dicen lo mismo, no saben llegar a conclusiones propias, y si ello se produce, entonces son tachadas de estar fuera de onda, de ser gente soñadora, utópica, anti sistema, etc.

Además de las normas fijadas por el sistema por unos intereses muy concretos, generalmente dictados por los poderosos, hay miles de ideas y formas para construir nuestra sociedad, aunque muchos aborregados por el estamento gubernamental y los círculos de poder, lo critiquen. No se puede seguir anulando, eternamente, a los que son diferentes, a los que piensan de otro modo, o hacen aportaciones que no están en línea con lo establecido. Lo menos que se puede hacer, como ciudadano y paisano, es preocuparse por las formas empleadas y proponer algo mejor para todos. Además de ello, exigir un plan distinto al implantado, porque como hemos visto el actual es draconiano, nos chupa la sangre y se la da a los especuladores. Con razón, algunos que se dieron cuenta hace años, gritaron: "¡esos no nos representan!". Es más, hay que seguir luchando para echarles, para cambiar las reglas. No podemos tolerar a los abusones, a los corruptos y a los que no nos tienen ninguna consideración, pues los intereses personales y de partido están por delante de las obligaciones del cargo público que ostentan.

El sistema actual está totalmente deshumanizado, resultando una gran mentira y contrario a los intereses de la población. "La llaman democracia y no lo es", esto también se ha oído mucho en los últimos años. En algunos de los videos que he colgado en mi blog lo explican muy bien, podemos llegar a entender que "los cuatro" elegidos en elecciones se ponen al servicio de sus propios intereses y del de los poderosos, para implantar leyes que les beneficien a ellos y no a nosotros. El poder democrático que debiera ser del pueblo, lo han anulado, y ellos, los elegidos, se convierten en los que mandan, cuando son los ciudadanos los que debieran mandar en cada momento, y ellos obedecer nuestros mandatos, así como buscar la forma de materializar lo que decidamos. El poder está invertido, la pirámide de poder la han girado. La base, la parte más ancha de la pirámide la constituimos todos los ciudadanos, la mayoría, la fuerza, los que aportan, y la que supuestamente debe estar a nuestro servicio, que además son minoría, "los cuatro elegidos", son los que marcan el paso. ¡Eso no es democracia!, más bien es una absoluta mentira represiva, al servicio de la especulación. Nos han despojado de algo que por naturaleza nos pertenece, es nuestro, y nos están manejando a su gusto. ¡No podemos seguir soportando esta falacia organizativa que nos han vendido!

HAY QUE FOMENTAR EL PENSAMIENTO PROPIO

¿No tenéis la sensación, cuando escucháis a alguien, de que lo que dice ya lo habéis oído en la radio o en la tele? La gente comenta cosas, debate, repitiendo lo que otros dicen y difunden por los medios, pero ¿cuántos expresan reflexiones propias?

Existe el exagerado uso de "lo políticamente correcto", que es lo que se permite, convirtiéndolo en lo que se deba repetir, al tiempo que cala en la gente. Algunos dicen que les han lavado el cerebro, o sea, que los medios se han apropiado de la mente de esas gentes, a las que han convertido en repetidor del mantra permitido.

Debemos pensar por nosotros mismos, explorar otras vías, abrir otros caminos y experimentar, porque estamos en todo nuestro derecho a hacerlo. Nadie nos tiene que prohibir que tengamos criterios personales, ¡en eso si nos quieren unidos y uniformes!, les molesta que exista la diversidad de opinión, la inteligencia puesta al servicio del progreso social, de la crítica, la denuncia y la movilización.

En eso nos quieren ver, y si vislumbran el menor ápice de auto conducta inteligente, sacan leyes para reprimir ese comportamiento. Ellos prefieren que no pensemos, sino que nos arrastremos por la senda convenida por los dirigentes y los poderes a la sombra.

Cualquier ser que piense, se da cuenta y denuncia la mentira, la manipulación y la opresión disfrazadas de democracia social. Cualquiera puede ver el negocio que tienen montado, la inversión de las posiciones de poder, y el ninguneo que sufrimos los ciudadanos, considerados simples colaboradores necesarios para aportar riqueza al sistema. Una riqueza que no se distribuye por igual, y que sirve para hacer negocios de los que se derivan comisiones, de las que se beneficia gente muy determinada que engrosa su patrimonio, el de sus amigos y familiares, además de las cuentas que tienen en los paraísos fiscales. ¡Si es que no hay más!

¿No se podría haber industrializado el país con todo el dinero mal empleado, robado y/o saqueado desde la transición tras la muerte de Franco? Claro que sí, pero los que nos han gobernado han hecho cosas, ¡no faltaría más!, aunque mucha pasta se ha perdido o desviado hacia asuntos que nada tienen que ver con las necesidades, problemas y progreso de nuestra sociedad. Por tanto, hay responsables de la miseria, de las crisis, de la corrupción, de los robos y de que nos encontremos estancados: industrialmente, en educación, en sanidad, en investigación, en tecnología, etc. Esos responsables han estado ocupando cargos públicos mientras se dedicaban a otras labores ajenas a su función pública, y tienen nombres y apellidos, gente a la que se le debería estar cayendo la cara de vergüenza. Con lo que es de todos, con ese potencial tan fabuloso, se pueden hacer cosas maravillosas cuando la mente es limpia y el corazón honesto. Cada día que pasa, es un día perdido en ejecutar un formidable proyecto que de soluciones a los problemas reales de todos nosotros, ¡para eso tenemos un Estado!, no para hacer negocios de armas, ayudar a hacer guerras, dejar morir de hambre a la gente, aumentar el desempleo, desahuciarnos o ayudar a los que dan las órdenes en este sentido, y por supuesto, no alimentamos un Estado para que nos mienta, nos manipule, nos empobrezca y robe nuestros dineros o se los de a sus amigos los banqueros.

¡Así no vamos bien, aunque nos quieran hacer ver lo contrario!

DE OCA EN OCA

"De oca en oca y tiro porque me toca", esta era la famosa frase que repetíamos cuando éramos niños y niñas, y jugábamos al infantil juego de mesa. Ahora somos mayores, pero seguimos con el mismo mantra: "De caso de corrupción a caso de corrupción y nos siguen tomando el pelo". Un día nos levantamos con los papeles de Bárcenas, la corrupción de los tesoreros del PP, los EREs de Andalucía, la formación en la misma Andalucía, la Gürtell, la Púnica, el Pago en negro de la reforma de la sede del PP, las comisiones de tal o cual político, la financiación ilegal de tal o cual partido, el pitufeo, la naranja valenciana podrida..., y ahora los papeles de Panamá. Las mentes de muchos se deshacen en avaricia e insolidaridad, es una ambición desmedida, tramposa, ilegal y traicionera. Da igual la tendencia que tengan, la cultura que tengan, sus creencias religiosas, etc., siempre actúan del mismo modo... delictivamente, porque esa gente que mueve dineros sin declarar al fisco de su país, son auténticos golfos y auténticas golfas, que hay que dar para los dos géneros, no se nos vayan a molestar ni los unos ni las otras.

¡Qué casualidad que Pilar Borbón tuviera una empresa pantalla abierta en Panamá, que durara, justamente, el reinado de su hermano Juan Carlos I! ¡Qué fácil es llegar a pensar que, presuntamente, el Monarca a través de esta empresa pantalla, presidida por su hermana, evadiera capitales, blanqueara o desviara comisiones de negocios turbios con otros países con los que se ha relacionado y mantenía amistad! Si la principal institución representativa del sentimiento patrio nos hacía esto, ¿qué no nos habrán hecho todos los que les seguían y demás escalafones inferiores, que se hayan visto con un poco de libertad, poder y dineros en las manos?

Es más que frecuente, que la gente con dinero traten de engañar al fisco, no se retratan en Hacienda como lo hacemos el resto de los ciudadanos. Ellos maquinan y se dejan aconsejar por aquellos que les saben buscar las espaldas a Hacienda. Esos trajeados de pelos engominados, al menos este era el estilo de hace unos años, con pulsera de tela roja y amarilla anudada en sus muñecas, o con la bandera española pegada en el cierre de su reloj de pulsera, hacen una exhibición de falsos patriotas, pues su deporte nacional es el delito fiscal. Como saben que tarde o temprano vendrá la amnistía de turno, el indulto si son condenados, o la condena menor de dos años que le impedirán ingresar en prisión, pues no se preocupan de seguir fuera de la ley. No hay castigo ejemplar para esos indeseables, que colaboran con el empobrecimiento de su país. El objetivo de ellos es burlar a Hacienda tanto como puedan, no pagar impuestos o pagar lo mínimo, cuando están generando de un modo fraudulento millones, o miles de millones de dólares, euros, etc.

Hacienda ya se ha puesto manos a la obra, ya veremos qué resulta de todo esto, pues cuando se vayan tropezando con nombres y apellidos insignes, ¿los protegerán como en otras ocasiones?, ¿mirarán hacia otro lado?, ¿los amnistiarán? Lamentablemente, tengo que hacer uso de una desconfianza casi total, cuando debería confiar plenamente en el sistema legal y en las Instituciones españolas, pero es que no puedo hacerlo, no me sale de dentro. He visto tantas injusticias: facturas falsas que la misma Hacienda, sabiéndolo, las acepta como buenas para que el fraude fiscal de la Infanta Cristina no superase los ciento veinte mil euros, tope fijado por Hacienda con el que no se puede eludir la cárcel. El fiscal Horrach que se convierte en abogado defensor de la Infanta, socia del cincuenta por ciento de una sociedad, que se ha llevado calentito millones de euros de los españoles. La lista Falciani que revela cantidad de nombres de defraudadores con cuenta en Suiza, que no se persiguen sino que se les hace una amnistía a medida para que puedan regularizar ciertas cantidades de dinero, pagando menos impuestos que los honrados ciudadanos que pagamos en fecha y en forma. Está claro, que si al mando de Instituciones tenemos a sinvergüenzas, entre ellos se amparan, se dan cobertura, y no hay castigo que valga para los infractores.

"EL SÍ, QUIERO", DE C'S

¡Sí, quiero!, CIUDADANOS dice ahora: ¡Sí, quiero! Lo que antes era mal visto cuando fue planteado por PODEMOS, ahora es una elección de C's, ellos también quieren estar en el Gobierno futuro, y desean ciertos ministerios.

Ante los probables avances que pudieran haber hablado Pedro Sánchez y Pablo Iglesias, los de Albert Rivera quieren asegurarse sillas y las piden, lo han dicho públicamente por la boca de su portavoz el señor Girauta.

Mañana se verán las caras los equipos negociadores de las tres formaciones, ante un panorama negruzco, primero por aquellas justificaciones de incompatibilidades entre proyectos económicos de C's y PODEMOS, y en segundo lugar porque llegamos a este nuevo encuentro con unas líneas rojas impuestas por C's, que pareciera persiguen el bloqueo total y la predisposición a unas nuevas elecciones. Creo que sueñan con unos mejores resultados, porque así parece que lo indican algunos sondeos de opinión. Creo que han tomado por la vía de en medio y se desentienden de cualquier posibilidad de negociación. De hecho, ya han manifestado: - Que al acuerdo que tienen firmado con PSOE no se le cambia ni una coma. – Que solo aceptarán que PODEMOS apoye el Gobierno PSOE-CIUDADANOS. – Cualquier otro rumbo que tomaran las negociaciones, propiciaría que se levantaran de la mesa y se marcharan. ¿Esta qué forma de negociar es, qué voluntad es esta de llegar a acuerdos?

Lo que quiere CIUDADANOS es que PODEMOS llegue, se siente y diga de inmediato: "Venimos a apoyar vuestro pacto". No da opciones a nada más, según se han manifestado. Lo normal, si quieren llegar a un acuerdo, es que se tome como base el pacto entre PSOE y C's, pero que se pueda modificar, porque se ha de entender que el tercer actor tenga algo que decir. Cualquiera de las partes intervinientes en un pacto impone algunas condiciones y cede en otras cosas, esto sería la mecánica normal de cualquier conversación tendente a conseguir un acuerdo. No obstante, CIUDADANOS se ha adelantado a los acontecimientos, quitándose la careta de oveja mansa y dejando ver el lobo que es. Es C's el que está bloqueando las negociaciones, y va a ser el que impida que se llegue a ningún pacto tripartito. Cree que ascenderá su número de diputados en las nuevas elecciones y se ha crecido.

El horizonte es borrascoso, y no solo por la incompatibilidad de políticas económicas, sino por el talante impositivo de algunos. Pablo Iglesias va a pretender que los de Albert Rivera permitan la vía PSOE-PODEMOS-IU-COMPROMIS y, tal vez, PNV. CIUDADANOS, como ya ha dicho, va a tratar de que PODEMOS acepte el Gobierno PSOE y ellos. Así que de nuevo habrá confrontación y no entendimiento, porque tanto unos y otros deben apostar por las políticas a aplicar, pero para ello se ha de poder modificar el pacto actual, y C's no está dispuesto a que eso suceda. O sea, que hay poco margen, o ninguno, para negociar. ¡Qué aburrimiento!

De nuevo, los egos se anteponen a las necesidades del pueblo, y a ninguno le importa que se gasten casi doscientos millones de euros del presupuesto público, para celebrar las nuevas elecciones. El pueblo habló. Hay 350 diputados. Habrá que modificar las normas para hacer otra cosa distinta.

LA MINORÍA NO PUEDE SEGUIR SOMETIENDO A LA MAYORÍA

Parece que el posible acuerdo de Gobierno se va al garete, hay inmovilismo en las posturas correspondientes de cada partido político. C's no quiere cambiar una coma del acuerdo PSOE-CIUDADANOS, y no soporta la presencia de PODEMOS en el Gobierno. PSOE está a verlas venir, ni pongo ni quito, aunque sigue erre que erre con el pacto de 130 diputados. PODEMOS está tratando de que se flexibilice el pacto y se puedan incluir 20 propuestas a las doscientas del acuerdo PSOE-C's, pero no lo aceptan, así no hay quien pueda negociar nada.

El que faltaba era Aznar dando calor, hace unas afirmaciones, que más bien son advertencias, por las que avisa del peligro de que PODEMOS esté en cualquier Gobierno. Concretamente, dijo que PODEMOS era un peligro para la democracia española. Claro que yo entiendo, que resulte un peligro para la pestosa y corrupta democracia que él y sus allegados han gestado en nuestro país. Supongo que a esto es a lo que se refiere, que con PODEMOS se acaba el chuleo que él y los suyos han exhibido gracias a las formas totalitarias con las que han gobernado, manejando sendas mayorías absolutas. ¿Romper la democracia no es meter a España en la guerra de Irak en contra de lo manifestado por todos los españoles?, ¿Romper la democracia no es crear y alimentar la burbuja inmobiliaria para crear un circo especulativo que ha hundido el sistema financiero nacional? Sistema Financiero, que gracias a Aznar, entre otros, ha tenido que ser rescatado con dinero de todos los ciudadanos. ¡Más vale que te calles Aznar!

En estos momentos hay cantidad de individuos, ciertos locutores con lengua viperina, además de ciertos personajes que no han hecho otra cosa en su vida que vivir a costa de nosotros y de lo que han sacado en negro de su función pública, que están aprovechando para crear una opinión negativa en los ciudadanos acerca de PODEMOS, porque ven venir las próximas elecciones y desean enviarlo al rincón del olvido. Hay demasiada gente acomodada y enriquecida con las delictivas prácticas empleadas durante años, que no consienten que vengan a deshacerles su gallina de los huevos de oro. Montoro ya estará proyectando una nueva amnistía fiscal, porque la que se avecina con los papeles de Panamá, no es para menos. ¡Vaya partida de mangantes que tenemos en España! alcanza a: partidos políticos, políticos, escritores, músicos, actores, empresarios, banqueros, deportistas…, excepto trabajadores, hay de todo lo demás. ¡Es una vergüenza!

Vamos a ir cambiando el pensamiento de que tenemos que estar gobernados. Nadie tiene que gobernarnos, somos nosotros los ciudadanos los que tenemos que proyectar nuestro país, los que debemos acordar cómo queremos vivir, y nombrar a gestores que no tengan ningún poder para acometer nada que no hayamos decidido nosotros. ¡Esa es la verdadera democracia! ¿Todavía no te diste cuenta del engaño al que nos tienen sometidos? El poder es nuestro. Nosotros somos la verdadera mayoría, así que no volvamos a dar poder a esos ineptos delincuentes que saquean nuestras arcas. Exijamos un cambio de sistema total, tenemos que pelear para que retorne el poder a los ciudadanos, a la población, no a unos pocos que se relacionan con tanta facilidad con los paraísos fiscales, no con aquellos que solo proyectan negocios que les enriquezcan a ellos, a sus familiares y a sus amigos. En los últimos cuarenta años se nos han metido por la puerta de atrás cantidad de gentes inmorales y amorales, que solo se han servido de nosotros, de nuestros dineros y de nuestros esfuerzos, para construirse su imperio de perversión. Debemos buscar la manera de unirnos los ciudadanos para proteger lo nuestro mediante un código legal diferente, el poder tiene que retornar a nuestras manos. El sistema lo mantenemos nosotros, nos pertenece, legítimamente es nuestro, no puede ser un sistema que dicte ordenes para ser cumplidas por nosotros, si no han sido previamente acordadas por todos nosotros. La minoría no puede seguir sometiendo a la mayoría.

ENTRE GÁNSTERES ANDA EL JUEGO

¡Eso no es posible!, ¡Eso no es realista!, muchos suelen decir cosas como estas, no son capaces de saltarse el guión marcado por los capitalistas, que han ido imponiendo unas formas favorables a sus desenvolvimientos económicos. La sociedad ha de ser algo distinto, hay que gestar un medio nuevo, más justo y equitativo para todos, no solo para unos pocos. La podredumbre corrupta, que es en lo que se ha convertido la mente de muchos individuos e individuas que, a veces, conviven muy cerca de nosotros, tal vez, en la puerta de al lado o en la de enfrente, han hecho un asalto al poder y a las instituciones, para saquearnos a todos.

A las personas de bien no les sirven ciertos principios monetarios, se atreven a "soñar", porque es así como los otros suelen tacharlo <<de sueño>>, pero al menos imaginan alternativas al sinsentido bestial que estamos viviendo. A todos nos viene bien algo de dinero. Todos tenemos necesidades que se sacian con dinero, hay que adquirir en el mercado productos básicos para el consumo diario de la familia, lo cuál no quiere decir que el centro de nuestras vidas tenga que ser el dinero. Mucho menos, el engaño o la explotación para conseguirlo. ¿Acaso no es posible vivir con respeto hacia los demás?, claro que se puede, y no solo que se puede, sino que es imprescindible trasladarlo a nuestras vidas. Son los otros los que han de cambiar o irse.

Soñar es hermoso, imaginar es creativo, y la necesidad de proyectar una vida mejor para todos es urgente. No puede pasar un día más en los que el sistema sostenga a "salvajes", y dentro de estos tenemos a todos los desaprensivos que cometen actos vandálicos contra otros, gente que aterroriza a los demás, aberraciones humanas con patas que no con piernas, que humillan a las personas de bien, que matan inocentes o que delinquen como si fuera un deporte nacional para ellos. ¡Hay que acabar con todo esto! El sistema ha de estar al servicio de las personas y no se puede permitir, ni un segundo más, amparar o dar cobijo a delincuentes y gánsteres.

La obligación de todos nosotros es convertir el Planeta en el paraíso, pero no en paraísos fiscales, pues los que muestran menor inteligencia con estos se conforman. Van a morir a pesar de consagrar sus vidas a amasar fortunas, se pudrirán sin poder gastar más dinero; que conste que critico a los que hicieron uso de las malas artes, aquellos que actuaron fuera de la legalidad y perjudicaron la vida de algunos, o mataron a otros para conseguir sus riquezas, a pesar de ello, se dice: "a todo cerdo le llega su San Martín" Podemos esperar, no vivirán para siempre.

¡Qué hay gente con dinero!, pues muy bien, mejor para ellos y sus familias, pero que el sistema consista en doblegar las rodillas para suplicar un trabajo, porque el sistema mantenido por nosotros sea incapaz de proporcionar empleo, ¿para qué queremos al Estado (nuestra comunidad de ciudadanos), costeado por nosotros, repito? Esto hay cantidad de gente que no llega a verlo ni comprenderlo. ¡Qué no tiren el dinero en sobrecostes!, ¡Qué no nos roben más!, veremos cómo se pueden conseguir más y mejores servicios públicos, y entre ellos, podría tenerse en cuenta: dotar de empleo a los ciudadanos (dueños y accionistas del Estado, que no se nos olvide), ¿por qué no se va a hacer lo que digamos los ciudadanos y ciudadanas de este país?

O BARREMOS, O NOS BARREN

Trato de comunicar un sentimiento hacia el burdo montaje de falsa democracia, instalado en nuestra vida diaria. Nos hacen creer que tenemos algún peso, pero desde la pasividad no somos nada, no decidimos nada. Nos quieren contentar cuando nos dicen que ellos están ahí porque les hemos elegido y nos están representando, pero siempre nos damos cuenta de que actúan en favor de sus partidos, para seguir trepando en cuanto a poder se refiere, y para ganar dinero que posteriormente evaden a Andorra, Suiza o a cualquier otro lugar del mundo donde no paguen impuestos.

No hay democracia sino dictadura en cubierto. Todos los partidos desean la mayoría absoluta para imponer los que les convengan, como ya han hecho en estos cuarenta años, anteriormente no hacia falta maquillarla, lo era y punto, solo había ordeno y mando por la gracia del sable y la bayoneta. Si te convenía bien y si no, un par de ostias y al calabozo. Ahora esto se ha suavizado, salvo cuando la gente protesta cerca de las Instituciones, que pueden llegar los del casco y pueden repartir con la porra por orden del Gobernador de turno. Aún así, seguimos sin oler la democracia. Han aflojado la tensión de la cuerda, pero los ciudadanos no podemos seguir siendo solo mera mano de obra en la sociedad. Debemos ser los artífices de nuestro entorno, de nuestro Gobierno, y crear formas de gestión favorables a todos nosotros. El poder ha de ser nuestro sin ninguna duda. Nadie se puede seguir adueñando de lo que es de todos, mantenido con nuestros esfuerzos. Las personalidades debemos ser nosotros. Las voces que deben atenderse son las nuestras. Las leyes deben ser las que elijamos los ciudadanos. Las penas para los delincuentes y corruptos, deben ser las que consideremos adecuadas los ciudadanos. La sociedad debe ser lo que queramos nosotros, que somos los que la costeamos. ¿Es tan complicado entenderlo?

A mi no me representa nadie del Gobierno actual ni anterior, porque no les he elegido sino que me han venido impuestos. Me siento contrario a lo establecido porque es un sistema amañado, de clases, deshumanizado, y esclavo de los poderes monetarios. Aquí vale arruinar la vida de los ciudadanos, pero no se pueden dejar que quiebren entidades bancarias. Se puede dejar morir a enfermos de Hepatitis C porque sus tratamientos son muy caros, o se abandonan a enfermos que sufren enfermedades raras, porque son pocos y no suponen un nicho rentable para las multinacionales farmacéuticas. Los descerebrados de turno han creado esta mal llamada sociedad democrática, que dispone toda su artillería para indultar a los grandes delincuentes, mientras que condenan a varios años de cárcel al que roba una bicicleta, o compra algunos alimentos con una tarjeta de crédito que se haya encontrado en el suelo.

Un sistema así me avergüenza, como no puede ser de otro modo. Espero mucho más de tanta gente que estudia, se forma, cursan estudios de todo tipo, incluso superiores, pero que la calidad moral y ética como persona deja mucho que desear. Por eso, nuestras Instituciones están secuestradas y apartadas de la gente de la calle. Se mantienen distantes porque tienen mucho que ocultarnos: años de estafas en cubierto, miles de trámites falseados, engordados, y cantidad de engaños hacia los ciudadanos. Como se suele decir coloquialmente: "Hay cantidad de mierda bajo las alfombras". Nadie se atreve a meter el cepillo para barrer. No saben lo que van a encontrar, y como se han alternado en el poder los unos y los otros, ¿quién barre primero?

LAS RATAS DE ESPAÑA

Refiriéndome a los infractores que están conociéndose, desvelados por los papales de Panamá, es curioso que muchos de ellos abrieran sus empresas ficticias en paraísos fiscales cuando estaban a punto de comenzar una etapa laboral productiva, para desviar los ingresos de sus derechos de imagen, etc. Esto me hace reflexionar que el foco se haya puesto solo en el "famoso", pero habría que preguntarse: ¿cómo le pagaban a tal individuo?, me imagino que la empresa que abonaba los emolumentos tendrá algo que decir, ¿de qué forma se pagaba?, ¿quién y cómo se enviaban los dineros a la empresa pantalla, o es que le ingresaban, directamente, en el paraíso fiscal?, porque si es así, los pagadores tienen responsabilidad en el fraude al fisco español, ¿no? O sea, que el foco debe tener, al menos, dos haces de luz, uno que mire al que cobraba y no declaraba, otro hacia el que le pagaba y cómo lo hacía.

Como se ha dicho tantas veces, en un delito de corrupción, como poco, tenemos al corrupto y al corruptor, aunque nos estén acostumbrado a mirar solo al corrupto. Hasta en estas delictivas prácticas, parece que se quiera proteger a los de la pasta, a los que invierten, mejor dicho: mal invierten, pues siempre en muchas de esas negociaciones oscuras, los ciudadanos tenemos que pagar las mordidas que se llevan otros.

En el caso de los papeles de Panamá, dicen haber tenido acceso a once millones y medio de documentos, me imagino que si se llevara una investigación seria y cuidadosa, tras un tiempo prudencial, casi todo el tejido empresarial, muchos de los políticos, deportistas, actores, artistas, etc., estarán encerrados al paso que llevamos y según trascienden las noticias al respecto.

Espero que el fiscal del Estado, en esta ocasión, reaccione y cuide de lo que es de todos. Espero que esta vez, acuse, investigue y no pase a defender a los delincuentes. Espero, también, que los técnicos de Hacienda puedan hacer su trabajo y lleguen hasta las últimas consecuencias, para que se les puedan aplicar castigos ejemplares a todos estos listillos, sinvergüenzas y chorizos.

Conforme van ofreciendo información, tengo la sensación que todos aquellos que han movido un cierto volumen de dinero están todos en fuera de juego, por utilizar un término futbolístico. Hace unos días dijeron que en los papeles de Panamá estaban treinta y cuatro, de las treinta y cinco, empresas del IBEX, y esto es muy significativo, viniendo a ratificar esa sensación a la que me refería. Los españoles de dinero, son de dinero, pero no españoles, esto está muy claro. Son los primeros en burlar sus obligaciones de pago con Hacienda, como hacemos el resto de trabajadores, que teniendo poquito abonamos nuestros impuestos y tenemos nuestras retenciones en nuestras nóminas. Sin embargo, toda esta mafia adinerada se lleva toda su existencia coqueteando con paraísos fiscales para no abonar ni un euro en España, al mismo tiempo que construyen un entramado de empresas pantallas entre las que se realizan falsas transacciones, hasta lograr hacer entrar dinero blanqueado. Ya lo sabemos todos, hasta yo que de esto no sé casi nada, por no decir nada. No obstante, el Estado debe tener gente muy preparada para detectar y seguir los movimientos de estas ratas, cogerlas con las manos en la masa, hacerles devolver lo que han defraudado y encerrarlas a la sombra por un buen tiempo.

LA ESCORIA DE ESPAÑA

Todos juran el cargo, prometen lealtad a España, pero casi todos burlan sus obligaciones tributarias en cuanto pueden. El Ministro Soria ya ha dado cuatro versiones diferentes para tratar de exculparse de haber sido Administrador y Secretario de una sociedad en paraíso fiscal. Aznar es multado por Hacienda con setenta mil euros y obligado a ingresar otros ciento noventa mil euros que tributó como sociedad, cuando habían sido beneficios de negocios personales, no de ninguna sociedad. Todos se valen de triquiñuelas para pagar menos, y si pueden, no pagar.

Es escandaloso lo que viene sucediendo en España desde hace varias décadas, casi todos los que han generado una buena cantidad de dinero, o estaban a las puertas de generarlo, se apresuraban en abrir cuentas en paraísos fiscales, para defraudar a Hacienda, y con ello a todos los españoles que pagábamos religiosamente. Cuando estos mangantes, hijos de..., dejan de pagar, España es más pobre, y cuesta mucho más alcanzar una buena balanza gastos-ingresos. Por tanto, los servicios públicos son de menor calidad, se recortan sus prestaciones, o los ciudadanos tenemos que pagar más impuestos para lograr abonar los servicios.

Cada día conocemos, afortunadamente, más datos de la delincuencia organizada que envuelve las altas instancias de la Administración pública, del Gobierno, y de todos aquellos gremios donde se mueven cantidades indecentes de dinero. No se puede entretener a la gente con miles de tonterías televisivas, y que los presentadores ganen millones, porque después pasa lo que pasa, ¿no es así Bertín? No se pueden hacer series como cuéntame, y pagar millones, porque después pasa lo que pasa, ¿no es así Imanol? No se pueden pagar millones por dar pataditas al balón, además de las acciones delictivas a las que se invitan. Está la indecencia, la inmoralidad y la sinvergonzonería que representan esos salarios desorbitados, comparados con los que perciben los demás ciudadanos y trabajadores de primera de este país. Hay que poner fin al circo corrupto en el que se ha convertido el país, su Gobierno, otros políticos, empresarios, banqueros, artistas, deportistas, etc.

Los ciudadanos reclamamos justicia, mano dura, condenas ejemplares, pero sobre todo exigimos que devuelvan todo lo que debieron tributar y no lo hicieron, o todo aquello que nos sustrajeron. Si los que están al mando, actualmente, no sirven, como ya han demostrado, debido a que son demasiados permisivos, delincuentes, mafiosos y corruptos, deben dimitir todos y dar paso a otros que piensen de un modo totalmente diferente, pero, y más importante, que obren de otro modo y honestamente.

No se merecen que se les haga un escrache, ¡no!, se merecen que les hagan cien escraches, hasta que las caras se les caigan al suelo, debido a la vergüenza que pasen. Lo que están haciendo es, como dicen algunos jueces: "crimen organizado". Están perjudicando a todos los españoles, habiendo sido algunos Presidentes del Gobierno, Vicepresidentes, Ministros, etc. Personas a las que se les presuponía una conducta intachable, pero ya nos han demostrado que son escoria inservible. Gente que hacen daño a la democracia, y que insultan a los ciudadanos cuando mienten o actúan fraudulentamente, como hacen constantemente.

TODO ES UNA GRAN CONFABULACIÓN

¿Sería posible que toda la izquierda del país se uniese en un programa común, que recogiera los grandes temas de interés general, además de las particularidades de cada uno? Todo podría tener cabida en un programa, si hubiera buena disposición para que así fuera. Es la única forma en la que triunfaría la izquierda. Solo tenemos que repasar los números de las anteriores elecciones y veremos que de veintiocho millones y medio de votantes, siete millones y medio votaron PP, la gran mayoría del resto de votantes se inclinaron por los partidos de izquierda. Además es lo normal, la gran mayoría somos trabajadores, no somos empresarios, ni banqueros, ni ricos, por tanto, nuestro voto natural es apoyar a las políticas que más se aproximan a los ciudadanos y a sus problemas, o sea, políticas de izquierda.

Ya me gustaría no tener que hacer distinción entre un extremo y otro, pero de momento mientras que los de derechas sigan protegiendo a los empresarios y a los ricos, a los grupos inversores y demás especuladores, estén por la privatización de los servicios públicos rentables, etc.; no nos queda otra que hacer la distinción entre izquierda y derecha. Bueno sería que todo Gobierno solo quisiera, de verdad, procurar el bienestar general de todos los ciudadanos, solucionar los problemas que padecemos como: el desempleo, el trabajo precario, los desahucios, el ridículo salario mínimo interprofesional, etc. Cuando eso sucediera, justo desde ese instante, las siglas y los colores de partido se relegarían a un segundo o tercer plano, pues todos podrían ponerse de acuerdo para pactar un programa común con el que todos estarían conformes. Pero desgraciadamente hay demasiados intereses partidistas y particulares. Hay demasiados compromisos adquiridos con grupos de poder monetario, que estrangulan la democracia del país y la buena voluntad que pudieran tener los gobernantes. Al mismo tiempo, son estos incapaces de decirlo públicamente, no tienen agallas para denunciarlo a los cuatro vientos. La voz la tienen silenciada y no reconocen estar secuestrados y dirigidos por esos entes que nadie vota en cada legislatura.

Aún se podría evitar ir a nuevas elecciones, a PODEMOS le ha faltado una opción que no ha tenido en cuenta en su compromiso hacia los inscritos, ¿por qué no ha incluido la opción de la abstención?, de esta manera la legislatura PSOE-C's saldría adelante, pero PODEMOS se mantendría en la oposición, votaría en el futuro lo que le pareciera bien y lo que no lo tumbaría. No se quema al estar en segundo plano, cosa que no podrían evitar tanto PSOE como C's, dos políticas dispares batallando en un primera línea, que seguramente desluciría, a la larga, a unos y a otros.

No obstante, creo que sería un mandato en el que se tendrían las manos atadas, pues por un lado está la mayoría del PP en el Senado, y por otro lado está el techo de acción impuesto por la Troika europea. Quiero decir, que grandes cambios son imposibles, pues unos y otros lo impedirían, al menos que tuviéramos la valentía de desobedecerles. Al llegar a este punto, volvemos a darnos cuenta del error que es gobernar dependiendo de los grupos de inversión, de los especuladores que prestan dinero y de no ser un país autosuficiente, pues, sencillamente, te aprietan las tuercas, como le pasó a Grecia, que tras tener todo el apoyo del pueblo por referéndum, Tsipras tuvo, por desgracia, que echarse abajo los pantalones.

CORRUPTILANDIA

Erase una vez Corruptilandia, un país donde casi todo aquel que ocupaba un cargo público y tenía acceso al dinero, se les pegaban los billetes en las manos. Se perdían los de quinientos euros, se transportaban en bolsas de basura, en mochilas, en maletines, etc. Se escondían en colchones, había incluso una madre orgullosa que llegó a decir que su hijo tenía tal cantidad que podría asar una vaca, prendiéndole fuego a los billetes. Los dineros terminaban en los paraísos fiscales, en los bancos de todo el mundo que no dan información de sus titulares. Antes solo se hablaba de Suiza y Andorra, ahora más recientemente, además de los papeles de Bárcenas, les ha dado por hablar de los papeles de Panamá.

En Corruptilandia casi todos los que se dedicaban a la función política se dedicaban a engañar a la ciudadanía. Los medios de comunicación tenían sorpresas todos los días, bien cada mañana nos levantamos con algún robo nuevo, bien cada noche nos vamos a la cama con alguna sinvergonzonería diferente.

También hay muchos que repiten, deben ser amantes de los primeros planos y de las portadas, porque con ellos se abren y se cierran los informativos, los diarios, etc. En muchas ocasiones se nombran a los mismos que suelen estar pringados en muchos de los casos de corrupción que surgen a lo largo de la geografía de nuestro país.

En Corruptilandia se falsean los datos contables bancarios, los balances, los presupuestos, y se suelen quedar con los ahorros de nuestros mayores, los que se han pasado toda la vida trabajando y ahorrando con miles de sudores, para que llegue el milagro económico español, y se quede con los dineros de esas personas mediante el "fabuloso producto bancario de las preferentes", o las fantasmas acciones de Bankia.

En Corruptilandia se desoye todo cuanto dice o interesa a la ciudadanía, pues había que cortarle el rollo, ya que estaban viviendo demasiado bien, y eso se asemejaba mucho a los ricos. Así que un día decidieron que eso no podía continuar de ese modo, por tanto inventaron la crisis. Sus responsables fueron los banqueros, que procuraron blindarse sus contratos y sus pensiones millonarias, dejando un agujero terrible en el escenario financiero del país. Posteriormente, metieron miedo a los que tenían algunos euros en los bancos, les dijeron que si quebraban los bancos podían perder sus ahorros, por lo que era necesario que todos pusiéramos dinero, no solo nosotros, sino también las generaciones futuras, nuestros hijos y nuestros nietos.

En Corruptilandia se llevaban de cuando en cuando a algún corrupto a la cárcel para apaciguar un poco los ánimos, pero era mero maquillaje, a los cuatro días se les daba el tercer grado y cuando la ciudadanía estaba distraída con otros temas, se les concedía la libertad sin cumplir sus condenas ni exigirle que devolvieran lo que habían sustraído. Corruptilandia es el paraíso fiscal de impunidad de los corruptos y vividores. Casi todos los que manejan pasta pueden burlar la ley, llevarse el dinero por la cara, esconderlo en empresas offshore y de esas que llaman pantalla. Después, el dinero comienza a pasar de una empresa a otra, simulando operaciones comerciales falsas, para hacer llegar, tras varias vueltas, los billetes a Corruptilandia. Llegan los dineros blanqueados sin haber tributado por ello, y si Hacienda les pilla y les multa, se cabrean y todo. Eso sí, lo hacen tras decir: ¡Viva España!

EL TIEMPO MUERTO SE ACABA

Si no lo remedian en el último minuto estamos abocados a nuevas elecciones. Ahora, en el tiempo de descuento de la investidura cada partido hace un esfuerzo ímprobo por demostrar que la ausencia de acuerdos es responsabilidad del otro, y no suya. Todos están en precampaña, aprovechando cada oportunidad de asomarse a la ventana de la "caja tonta" para alzarse como modélico partido que todo lo ha hecho bien, desmerecer a los contrincantes, e inclinar la balanza de la probable intención de votos a su favor.

Lo que está sucediendo es que teniendo un Gobierno en funciones, lamentablemente, continúa tomando ciertas decisiones que nos comprometen a todos, y no se entiende como no se somete cualquier paso a dar a los diputados de la Cámara, que son los elegidos por los españoles. No se entiende como tenemos una ley tan torpe y obsoleta, que no sabe actuar con sentido común ante la situación parlamentaria y gubernamental que atravesamos. Cuando los unos y los otros han gobernado se han preocupado muy poco por regenerar la vida pública, de ahí viene tanta insuficiencia, la justicia maniatada y falta de herramientas, la impunidad vigente, los fraudes monetarios, los blanqueos de dineros y la existencia de los paraísos fiscales. Todo sucede porque cuando han estado gobernando no han hecho los deberes, han preferido vivir a la sombra o al cobijo de los poderosos, y han mantenido abiertas ciertas vías "legales" para facilitar la impunidad a los malhechores de alto standing, de las clases altas, a los poderosos especuladores monetarios, y a ellos mismos.

De aquellos polvos, vienen estos lodos. Si nos han gobernado gente sometida a los malhechores, han actuado como malhechores, a favor de los delincuentes. Se han financiado ilegalmente del resultado de las adjudicaciones públicas a entidades que han movido mucho dinero negro, con los que se ha financiado el partido de turno que estuviera gobernando. Tanto PP como PSOE ha jugado a esto: Filesa, Naseiro, Bárcenas, Gurtel, Púnica, EREs, etc. Un sin fin de casos de saqueo al erario público, que como no puede ser de otro modo, pagamos entre todos para el disfrute de unos pocos que se llaman a sí mismo demócratas y patriotas. Con todo lo que nos han hecho, aun hay idiotas que les votan, y se asustan si se sienten acosados por la protesta ciudadana: manifestaciones o escraches. Se merecen que se los estuviéramos haciendo todos los días del año, porque no pagan por lo que hacen mal. Son delincuentes privilegiados, usurpadores del poder que nos corresponde a nosotros, al pueblo soberano, no a los "posturitas" que al final pertenecen a tramas delictivas de crimen organizado. ¿Por qué se niega el PP, continuamente, a las comisiones de investigación?

Si existiera una justicia independiente y seria, al PP lo deberían de haber botado hace mucho tiempo del poder. Estarían casi todos encerrados, cumpliendo condenas ejemplares y proporcionadas al saqueo continuado que han venido realizando en España. No sé cómo desgañitarme más en esta sociedad amañada y manipulada para que las cosas cambien. No sé qué hacer para que la democracia fuera real y el poder recaiga en los ciudadanos, no en los empleados nuestros, no en los elegidos para que logren hacer realidad nuestras decisiones. Han sabido crear un sistema donde los ciudadanos nos sentimos oprimidos e impotentes. Se han dotado de un poder sobre la ciudadanía, que es un auténtico engaño al sentir de la gente. Esto todo es una gran mentira y nuestra obligación es exigir darle la vuelta, desmontar los mecanismos que han instalado para servirse de ellos en detrimento del estado de bienestar de la gente.

AVERGONZADO DEL SISTEMA POLÍTICO

Ya hemos llegado a la inútil situación de no pactos y nuevas elecciones. Ya estamos en las puertas de tener que desembolsar otros 160 millones de euros. Ya van a ingresar dinero los partidos en sus respectivas mochilas. Al menos, nos debemos preguntar si esto es un premio por no haber sabido hacer su trabajo. Además, ¿qué van a decir en la campaña?, ¿de nuevo cada uno con su mantra y culpando a su oponente del desastre de las negociaciones?

La ciudadanía no está para más fiesta de este tipo, para promesas a incumplir o para más pactos anti natura. Lo mejor hubiera sido eliminar las campañas, todos conocemos a todos, así que los resultados serán parecidos, ¿Qué vamos a estar, en bloqueo continuo hasta que alguien salga, por cansancio o pesadez, en unas elecciones?

Se ha puesto de manifiesto que la ley hecha a medida del bipartidismo no es efectiva para la llegada de más fuerzas, para que florezca la diversidad ideológica, y mucho menos para que se queden. Las leyes o normas por las que se rige todo esto de los pactos, las elecciones, etc., han quedado un tanto anticuadas. Sin embargo, en España las cosas funcionan así, siempre a posteriori, "nos acordamos de dar flotadores, cuando se nos han muerto ahogados muchos compatriotas". Somos incapaces de prever lo que vaya a suceder, nos es más fácil seguir siendo el burrito bien adiestrado que hace lo que se les mande, que no se complica pensando en posibles soluciones a los problemas. Cuando se nos viene encima el techo, lanzan el grito: "Sálvese quien pueda, y salen corriendo".

El caso es que estamos como antes del 20 de Diciembre, pero después vamos a estar peor: con una situación política similar y con 160 millones de euros menos. Los votantes vamos a seguir votando, aproximadamente, a los mismos, ¿Qué va a pasar entonces?, ¿qué hay previsto en ese caso, o seguimos con el Gobierno en funciones por los siglos de los siglos? No sé si la cantidad de mangantes que han aparecido en esta legislatura servirá para que los que hasta ahora no han querido ver ni oír, vuelvan a recobrar sus sentidos y su cordura. Espero que la gente se de cuenta de la jaula en la que nos tienen metidos, de que nos han vendido una falsa democracia y cantidad de miedos que se han esforzado, y mucho, en difundir entre la población, con tal de condicionar el voto de los más débiles.

Llegamos a esta situación, de nuevo, por la falta de creatividad de unos gobernantes que se han acomodado al sistema blindado de privilegios, que ellos mismos crearon para su propio bienestar, para darse poder y blindar ciertas ventajas frente al resto de la ciudadanía. Se podría haber resuelto este bloqueo de miles de maneras, pero todos callan como putas porque van a cobrar de nuevo, y van a ser protagonistas otra vez. El juego político tal como está actualmente concebido comienza a rodar. El tiempo pasa y la pasta se la siguen llevando, cada mes el pelotazo de cuatro mil y pico de euros por diputado, no se han puesto de acuerdo, o sea, no han cumplido con su trabajo, pero como la ley lo permite, ¡a empezar!, se ponen en la casilla de salida y comienza otra partida.

Estoy avergonzado del sistema y de los políticos que cuando gobiernan no cambian las cosas, solo saben despotricar del contrario y son poco efectivos.

NO LES DEJEMOS PASAR NI UNA

Si Pedro Sánchez se pasó la campaña atacando a Albert Rivera, cuando decía que C's eran las nuevas juventudes del PP, no se entiende porque pactaron con los que, supuestamente, son sus contrarios. ¿Cómo nos explicamos que se uniera a ellos como una lapa y no se haya movido un metro de su lado? ¿No será que los viejos políticos del PSOE secuestraron la voluntad de Pedro, y le impusieron la fila en la que debía alinearse?

Lo que siento, es lo que nos queda a los ciudadanos con los medios de comunicación, porque recurren un día y otro a las mismas declaraciones y a las mismas confrontaciones: "la culpa es tuya, y el tú más tan conocido por todos". ¡Por Dios!, que no nos machaquen los oídos y las neuronas con el disco rallado de las mismas noticias a todas las horas del día. Espero que los medios no hagan esto con los ciudadanos, si los políticos no han sido capaces de encauzar la lucha de la discordia, que no sean los medios los que rematen la faena, ¡por favor, no lo hagan!

Hay una solución, no poner la tele y no leer los periódicos, pero es que a algunos nos gusta estar medianamente informados, y seguro que hay cantidad de noticias por el mundo, también en España, de los más variados temas y de interés. Los medios empujan fuertemente, como por ejemplo con los papeles de Panamá y con los frecuentes casos de corrupción, pero apenas hacen que se muevan las leyes de este país. Esto sucede porque los que debieran cambiar las leyes están en el inmovilismo más absoluto, ahora dirán que es porque están en funciones, y cuando gobiernan porque nunca atacan la raíz del problema. Tenemos justicia blandengue y permisiva, porque no interesa dejar sin escapatoria a los delincuentes, golfos y maleantes de las altas esferas, etc.

¿Hasta cuando vamos a estar callados, sentados y tragándonos todo lo que nos quieran meter en la boca? ¡Ya está bien! Los ciudadanos y ciudadanas de este país, que tiende a ser el negocio y la privatización de algunos, tenemos que movilizarnos aunque pretendan hacernos callar con la ley mordaza y todas esas porquerías, que salen de mentes miedosas, avariciosas, egoístas e injustas. Debemos caminar cada día y poner de nuestra parte, para que no nos sigan arrinconando, pues nosotros no hemos ostentado el poder, son ustedes, políticos, los que nos lo arrebataron. Por tanto, son ustedes los responsables de lo que sucede en el país, nosotros solo contribuimos y pagamos, no como muchos de ustedes que evitan contribuir como el resto de la ciudadanía. Además, si os pillan, tenéis la poca vergüenza de acudir a los despachos de los responsables de Interior o Hacienda, para que pasen la mano en vuestros oscuros movimientos monetarios, casi siempre millones de euros en paraísos fiscales, blanqueados entre dudosas operaciones de empresas ficticias, que solo operan para defraudar y delinquir.

Tengo un sentimiento de lucha, de defender lo que es nuestro, de no seguir pasando por tontos, de no dejarnos pisotear por estos desarmados y mal educados, que se han creído dueños de la tierra, de los dineros y de las Instituciones públicas. A esta gente hay que hacerles razonar, sacarlos de sus cargos, investigarlos a fondo, y si han delinquido, hay que encerrarlos hasta que hayan resarcido a la sociedad del daño que les hayan ocasionado. ¡No estoy por dejarles pasar ni una a esos desarmados!

NI UN EURO PARA CAMPAÑAS ELECTORALES

Todos los partidos políticos fueron ya pagados en las anteriores elecciones, por lo que me niego a que les sean abonadas cantidades algunas para las nuevas elecciones de Junio. El poder de hacer una cosa u otra no puede estar en manos de estos desaprensivos, que como han demostrado, apenas nos damos la vuelta, nos roban. No se pueden obedecer leyes injustas, en las que el reparto de poder y de dinero solo les beneficia a ellos. Parece por el tono que hablo que los políticos fueran nuestros enemigos y no nuestros gestores. Son ellos los que se han convertido en un bando alejado de la población, y elitista, que se mueven por intereses particulares que se distancian de los verdaderos problemas de la ciudadanía. A ver si también nos van a culpar de este alejamiento, como hicieron con la crisis, los agujeros bancarios, etc.

¿Cuántas veces hemos oído a algún político tachar a los ciudadanos de estar acomodados a vivir subvencionados?, pero son ellos los que no se pierden una subvención. Un pobre quizás reciba 426 , pero es que las empresas de los políticos y de sus familiares se llevan millones de euros en subvenciones, tal como dijeron los medios de comunicación de las empresas del marido de Esperanza Aguirre. O las comisiones tan delictivas y abultadas que se embolsaron los señores de la Serna y Aristegui. O las cantidades tan exageradas, recibidas como donaciones de empresas a las que posteriormente se benefician en las adjudicaciones públicas, etc. ¿A quiénes les gusta vivir con los dineros de otros? A pocos ciudadanos y ciudadanas de a pie se han juzgado en la última legislatura por robos tan sonados como todos aquellos en los que están involucrados las gentes del PP, los casos más escandalosos y podridos del panorama político español. "No sé si habrá quedado algún cargo público del partido del PP que se haya salvado de pasar por los juzgados", si alguno no fue, era porque los de alrededor le protegieron para que no se le señalara.

Volviendo al tema central del escrito, creo que los partidos no deberían cobrar nada en estas elecciones, pues es parte de su compromiso con la sociedad. Ya se les pagó una vez, algo que tampoco debería ser, que se sostengan con sus afiliados y que pateen las calles hablando con la gente, pero que se dejen de actos solemnes y pomposos; sobretodo, que jueguen en las mismas condiciones democráticas que los demás. Digo esto, porque cuando algunos partidos tienen demasiados pactos monetarios con empresarios, se financian ilegalmente, ingresan más y pueden hacer campañas mayores que les ayudan a llegar a más sitios y, por tanto, pueden convencer a más gente y cosechar más votos. ¡Qué cada cual pague su campaña!

Sinceramente, el panorama amañado por el que nos gobiernan, mejor dicho: nos manipulan, es para hacerse insolvente y pasar totalmente de las imposiciones injustas a las que nos someten. No están nada perdidos todos aquellos que defienden la desobediencia civil ante el caos político, bien calculado, que se han montando los viejos del lugar. Digo los viejos del lugar, porque esto es lo que sale de los fogones de la alternancia PSOE – PP durante cuarenta años gobernando. Yo cuando voto a algún político lo hago con el ánimo de que esa persona, al frente de tal o cual organización, gestione lo que los españoles decidamos. Yo no voto para que ese individuo y su organización me sometan a lo que a ellos les convenga, y mucho menos para que se conviertan en una organización delictiva y criminal que me robe. Por eso, creo que no se puede ver con malos ojos que la ciudadanía no entre por el aro, y se oponga al sistema manipulador y opresor que se distancia de los intereses y problemas de la gente.

EEUU TRATA DE CORROMPER A LA UE

Los medios de comunicación hablan desde hace días del TTIP, del tratado de libre comercio, y es que Obama quiere dejarlo firmado antes de que concluya su mandato, pero yo digo que el TTIP "¡para los americanos! Por lo que trasciende, dentro del oscurantismo en el que marchan las posibles negociaciones, EEUU está sometiendo a altas presiones a la UE para que acepten productos prohibidos y de dudosas repercusiones, a la larga, en la salud de las personas. EEUU está intentando obligar a los Estados de la UE a que sus empresas, que utilizan métodos prohibidos y peligrosos para nosotros, triunfen y vendan sus productos en las estanterías de los centros comerciales europeos.

Pero no conforme con ello, EEUU también trata de que aceptemos un comité de arbitraje ajeno a los Estados de Europa, que tengan capacidad para querellarse contra la soberanía nacional de los países que incumplan el acuerdo. Ellos quieren imponer este Tratado a toda costa, aunque perjudique la salud de la gente y violen las soberanías de los pueblos; de lo que se trata es de hacer negocio a cualquier precio. ¡Pero, bueno!, ¿este que abuso de poder es?, ¿EEUU se cree que está rodando un film mafioso?

Como no tenemos bastante con la estafa de crisis que se inició, igualmente, en los EEUU, y las repercusiones que seguimos sufriendo; vienen ahora con la segunda parte de la película de gánsteres: "El TTIP". Firmar el acuerdo es traicionar a los ciudadanos y ciudadanas, es destruir la democracia de los pueblos y ceder la soberanía de los Estados. EEUU tiene que aceptar de una vez por todas que no es el amo del mundo, y se debe quitar de la cabeza que la vida real sea "La guerra de las galaxias", ni hay marcianos que vienen a invadirnos y a dominar el mundo. Así que se dejen de jugar a los marcianos invasores, que ellos si que lo parecen.

Como español y como europeo me opongo completamente que en mi nombre se firme ningún tratado invasivo y represor como el que están poniendo sobre la mesa. Cada país tiene sus leyes y sus normas, sus criterios de consumo y seguridad alimentaria y sanitaria, para que venga EEUU y se los quiera saltar como mejor le venga en ganas. Y esto sin haber entrado en la sobreprotección que hace el Tratado de los lobbies y demás grupos buitres inversores, incluso ellos estarían por encima de las leyes de los países, pues cualquier conflicto o vulneración del contenido del TTIP, por parte de cualquier país, se tendría que someter al comité de arbitraje y a lo que este dictara, vulnerando el Estado de derecho y sus leyes, o sea, pasarían por encima de nuestra soberanía y de nuestra democracia. ¡Esto es una barbaridad!

¿Por qué las negociaciones se llevan en secreto? Me parece que en estos tiempos en los que todos proclamamos transparencia, y reclamamos más claridad en todo; no puede venir EEUU a corromper a la UE con su TTIP. Ya existe globalización en el mundo para hacer cuantas transacciones comerciales se quieran, pero eso sí, cumpliendo con las leyes internas de cada país. Pero claro, EEUU quiere saltarse esas normas de seguridad de cada país para vender productos prohibidos y poco seguros para la salud de la ciudadanía europea. Lo mejor que se me ocurre a estas alturas es retomar aquella pintada que sobre los setenta podíamos ver en las paredes: "Gringos go home".

A PUNTO DE DAR EL PISTOLETAZO DE SALIDA

De nuevo los partidos políticos se alinean esperando el pistoletazo de salida. A pesar de que no se ha oído la explosión del detonante, cada formación aprovecha sus intervenciones en los medios para hacer campaña. Ruido y ruido, más de lo mismo y, lo peor de todo, es que nos quedan sesenta días aproximadamente para volver a encontrarnos en la dispersión que la ley actual es incapaz de resolver.

Sesenta días para que el Estado suelte la panoja, y de nuevo los partidos ingresen en sus arcas la pasta de los españoles, otro porcentaje similar al que cobraron hace apenas cuatro meses. Algunos dicen que esto es invertir en democracia, yo le llamo tomadura de pelo y poca vergüenza. Los que hablan de democracia defienden un modelo que no lo es, que no es democrático, sino un sistema bien calculado y pensado, corrupto, manipulador y opresor. A mi no me convence este estamento llamado

Estado de derecho, porque es evidente que carece de honestidad, de justicia, igualdad, moralidad y humanidad.

Muchos de los "artistas" que han practicado su performance pública, solo han servido sus nombres para que ocupen un lugar en los despachos de las Instituciones, o en las listas de chorizos de este país, en las cuentas bancarias en Andorra, Suiza, Papeles de Panamá, y en los infinitos casos de corrupción que se extienden por toda la geografía española. Muy pocos se salvan del horror de la piratería, de la mangancia, de la delincuencia y el fraude, en una España que ellos mismos han creado a su imagen y semejanza: La España proyectada por chorizos, para el disfrute de los chorizos.

Si muchos individuos no temieran tanto perder sus carguitos, y hubieran arremetido, en serio, contra los maleantes de traje, pelo corto, gomina y aspecto "envidiable", no habría espacio disponible en las cárceles del territorio español. Cómo no va a atacar Ignacio Cosidó (Director de la policía) a PODEMOS, cómo no va a decir de estos que son un peligro para la democracia; si él es del lote, vive del sistema corrupto al que ayuda junto con los de su color. Cualquiera que se plante frente al bodrio institucional y putrefacto, que está suplantando a un verdadero y honesto Estado de derecho, es considerado un enemigo público de lo que es privado de ellos, de esos que están chupando y robando. Por eso, las palabras descalificantes de un mandado como el Sr. Cosidó, no es preocupante en absoluto. Dicho señor debería preocuparse de hacer su trabajo de seguridad, y meterse menos en política, sobretodo, debe mantenerse alejado de señalar colores y siglas. Comprendo que quiera decir algo a favor de los malos, por si acaso suena la flauta y puede mantener el puesto de trabajo.

¿Hay algo más terrible que perder el puesto de trabajo y quedarse sin ingresos?, pues ese "terrorismo" ha resultado de las políticas de austeridad y de la falsa crisis que los poderosos del poder financiero nos han colado, pero esto si le ha debido parecer bien al Sr. Cosidó; puesto que sus siglas son cercanas a los banqueros y a los grandes empresarios, responsables de todo el tsunami económico en este país. Aunque tuvieron la poca vergüenza de culparnos a los pobres ciudadanos, que seguíamos levantándonos cada día para sacar adelante nuestros trabajos y a nuestras familias. ¡Viva el desmantelamiento del sistema corrupto actual!

LA IZQUIERDA CONVERGE

Me gusta el rumbo que está tomando la izquierda de este país, por fin se da cuenta que hay que converger para obtener los resultados que hagan posible gobernar. Ahora lo que hace falta es el proyecto común y que no empiecen a tirar cada uno para un lado. Me ha gustado la apuesta de todos los partidos por presentarse en una coalición de izquierda. Es necesaria la propuesta, pues de lo contrario, de la fragmentación es de lo que se vale la derecha para poder llevarse meses diciendo que gobiernen los más votados.

Me ha encantado ver la tendencia a confluir de PODEMOS, IU, COMPROMÍS, LAS MAREAS, PODEM EN COMÚ, etc. He disfrutado con las palabras de sus líderes mostrando la necesidad de unirse, sobre todo, la maravillosa exposición de Mónica Oltra de COMPROMÍS, que con suma claridad ha hablado de la necesidad de presentarnos todos juntos, para vencer a los grupos conservadores, que se mantienen en las políticas favorables a los recortes en las principales áreas del bienestar social, y al arrodillamiento ante las imposiciones europeas.

La ciudadanía es inteligente como para dejarse asustar o acobardar con las mentiras que los de siempre vierten contra los partidos emergentes. Ellos están comprados por las empresas del IBEX 35, banqueros y grupos inversores (quebrantahuesos), pero las nuevas formaciones se sienten más libres y reacias a dejarse mover los hilos por los poderes a la sombra. Los "nuevos" aún no han caído en las garras de las aves de rapiña, y aquellos no se lo perdonan. Son siempre un obstáculo para que las políticas a aplicar sean las que ellos desean. Resultan un incordio en el camino para poder seguir haciendo los negocios, que a ellos les convienen. Los emergentes denuncian sus malas prácticas y los periodistas se encuentran más motivados que nunca; lo que hace que se conozcan más detalles de la corrupción que en tiempos anteriores. Esto da descrédito a ciertos personajes que siempre estuvieron en el anonimato mientras se forraban, pero que ahora quedan en evidencia por el latrocinio continuado a las arcas públicas.

Por eso digo que debemos ser inteligentes, y seguir siéndolo, pues van a comenzar los fuegos cruzados. Los insultos y las descalificaciones contra todos aquellos que pretenden poner fin a las mamandurrias de ciertos sectores o clanes mafiosos, no se harán esperar. Pero nosotros, vamos a saber que solo están tratando de defender sus negocios, y en ningún caso lo que es de todos; pues lo que es nuestro siempre lo han descuidado, al mismo tiempo que se dedicaban a privatizar, comisionar o ser comisionados, someter y explotar.

Comprendo que haya gente que lea esto y pueda llegar a pensar que hay una negatividad en el escrito, pero yo les diré que es incredulidad, o falta de confianza en el sistema y en las personas, que hasta ahora, le han dado forma. Pues me parece un sistema totalmente injusto, nada equitativo, y en el que hay demasiadas lagunas legales, demasiada gente comprada, o vendida, entiéndase como se quiera, y nuestros intereses y problemas, escasamente atendidos. La regeneración en política es imposible que la lleven a cabo los mismos que han metido la mano, los corruptos, y eso si que da miedo.

FILTRACIÓN SOBRE EL TTIP

Por la importancia del tema, no me queda otra que volver al famoso TTIP, para aportar algunos datos que afectan directamente a la salud de las personas, los animales y al medio ambiente. La información proviene de los documentos secretos filtrados por Greenpeace Holanda.

Cuando lees el resumen que han colgado en su web lo primero que sorprende es la manera de invadir de EEUU del siglo XXI. El objetivo pretendido por los EEUU es cambiar la normativa comunitaria y los procesos legislativos en materia de salud y medio ambiente, así como que se rebajen las exigencias comunitarias en protección de los usuarios y consumidores. Como siempre en este mundo capitalista, anteponen los beneficios empresariales a los intereses y a la seguridad de la ciudadanía europea.

El TTIP es una presión en toda regla que EEUU ejerce sobre los dirigentes europeos para que las empresas americanas puedan comercializar los productos, que han demostrado ser dañinos para las personas, animales y medio ambiente. Además, se persigue rebajar las exigencias para los productos químicos nocivos, pesticidas tóxicos y organismos vivos modificados genéticamente, hormonados y adulterados. Se pretende que haya vía libre para comercializar en

Europa carnes hormonadas (permitidas en EEUU), o piensos para animales fabricados con harinas de origen animal (esto nos trae al recuerdo el caso de las vacas locas). Lo que se deduce de las intenciones de EEUU, es que los americanos están dispuestos a exportar toda su basura a Europa.

Lo siguiente es, sencillamente, infame. Va a desaparecer por la misma artimaña de presión de EEUU, un principio básico de la Organización Mundial del Comercio, que rige desde hace 70 años: "Los Estados deben regular las reglas del comercio para proteger a los seres humanos, la vida animal, vegetal o la salud, así como los recursos naturales no renovables". Un dato significativo, que tiene repercusiones en el cambio climático, es que se descarta que la UE regule la importación de los combustibles dañinos, como el petróleo de las arenas bituminosas.

Para valorar lo peligroso que es el asunto que EEUU ha puesto sobre la mesa, valga solo saber que cualquier líder europeo que desee acceder a los documentos del acuerdo, solo lo puede hacer bajo vigilancia, en una habitación con fuertes medidas de seguridad, sin móviles ni cámaras, y habiendo firmado una clausula de confidencialidad. Cuando esto se hace de esta forma tan oscura, es porque se pretende ocultar a los ciudadanos y ciudadanas la importancia y lo preocupante de lo que EEUU trata de llevarse firmado. Los ciudadanos europeos debemos estar muy preocupados por lo que la mafia de EEUU desea acepten los líderes europeos.

Y por si fuera poco, EEUU propone un Tribunal de arbitraje para que dirima las disputas entre empresas americanas y los gobiernos europeos. Dicho Tribunal dictaría sentencia, estando sus decisiones por encima del sistema legislativo y judicial del país que se trate. O sea, que la soberanía de países comunitarios, sencillamente, se la pasan por el arco de los caprichos.

Lo último que han difundido los medios tras todo este despotismo de los EEUU, es la guinda final, para que sea evidente que EEUU quiere el ancho del embudo para ellos es lo siguiente: Que las empresas europeas no puedan acceder, libremente, a los concursos públicos que se celebren al otro lado del Atlántico.

No se han escondido, vienen a imponer sus condiciones por toda la cara, a plena luz del día y con alevosía. Todo para las empresas americanas y nada para las nuestras. El dinero para ellos y todo el riesgo de sus productos basura, adulterados y modificados genéticamente, para nosotros. No me queda otra que concluir como lo hice anteriormente: ¡Yankees go home!

¡ADIÓS BILLETES, ADIÓS!

El BCE se propone acabar con los billetes de 500 , para paliar el fraude y los movimientos de di nero procedentes del crimen y la droga. El solo hecho de acabar con los billetes de 500 no solventa nada, s i no es acompañado de otras medidas de vigilancia y control de todos aquellos movimientos de dinero que implique circulación de este papel.

Si el BCE quiere de verdad acabar con el dinero negro de dudosa procedencia, que lo deje sin valor dentro de un mes, o sea, en un breve periodo de tiempo, y que todas las transacciones que se hagan en las entidades bancarias en las que medien esos billetes se investiguen a los intervinientes. Previamente, se ha de comunicar a todos los ciudadanos que en un mes ese tipo de dinero quedará sin valor alguno para que aflore todo el que haya oculto. De ese modo, los negocios si recogen billetes como forma de pago, deberán ponerlo en conocimiento de las autoridades, pues de lo contrario podrían ser esos comercios acusados de estar blanqueando dinero. Al comunicarlo, tendrán que mostrar la factura que respalda la operación, y con ella, todos los datos de sus clientes que hubieran abonado las compras con billetes de 500 .

Todo puede hacerse fácilmente y de modo efectivo, o como nos tienen acostumbrado los dirigentes: un simulacro anti fraude con una puerta de salida para defraudadores, gánsteres y delincuentes de todo tipo. Por supuesto, hay que implicar a todas las entidades bancarias, que deben cortar el grifo en ese mes dado, para que la gente cambie su dinero por otro tipo de billete que vaya a quedar en curso. Además, los bancos deben indicarle al BCE la cantidad de billetes de 500 de la que disponen en estos momentos, para evitar que hagan chanchullos con sus clientes y les regularicen cantidades que tengan fuera del conocimiento del fisco.

Un plazo ilimitado para cambiarlo, como quiere hacer el BCE, no sirve para nada, porque los defraudadores esperarán a que a otro Gobierno se le ocurra una nueva amnistía fiscal. Vuelvo a insistir en que el plazo ha de ser muy corto para que no haya tiempo casi a reaccionar, ¡o sacan el dinero oculto, o lo pierden! Si hubiera personal suficiente en la Administración para seguir los rastros de la procedencia de los dineros, los delincuentes lo tendrían, realmente, difícil. Lo menos descarado, incluso para aquellos con dinero fuera, sería comprar a plazos; en cuyo caso casi habría que llevarle la contabilidad a los autores, para descubrir la procedencia del dinero con el que pagan sus compras y sus deudas.

Nadie dice que sea fácil hacerlo, pero estoy seguro que se puede hacer mucho más, que el puro maquillaje al que nos tienen acostumbrados.

NO PODEMOS COMPARARNOS CON NORUEGA

Acabo de leer un artículo que se titulaba: ¿Por qué la cuota del coche eléctrico en Noruega es del 17%, y en España es solo del 0,22%? Me llama la atención que rápidamente se produce un giro hacia el Gobierno, demandándole subvencionar la compra de este tipo de vehículos. Esto me ha hecho pensar en lo siguiente: Cada vez que se ofertan planes de bonificación por la compra de coches, ya que es el caso que nos ocupa, no caemos en la cuenta que al final resulta una ayuda a los empresarios. Por un lado, a los que se dedican a la construcción de automóviles que aumentan las ventas, pero por otro lado, resulta una ayuda subrepticia a los empresarios en general, que no abonan salarios adecuados o decentes y, por supuesto, insuficientes para que podamos pagar las mensualidades de los créditos que financian las compras. Y que el Gobierno subvencione la compra de vehículos, recae indirectamente sobre todos nuestros impuestos.

El artículo hablaba de que no tenemos igual red de puntos de recargas y, además, tampoco tenemos el mismo poder adquisitivo que los Noruegos; pues ya está dicho todo. Quiere esto decir que nuestro país no ha elaborado un plan de infraestructuras necesarias para el masivo uso de vehículos eléctricos, ni los trabajadores españoles estamos en condiciones de hacer fiestas o tirar cohetes. Pero llegado a este punto, retorno sobre el capitulo tan recurrido de las subvenciones tan reclamadas por los fabricantes de coches. ¿Por qué tenemos que pagar, entre todos, las bonificaciones o incentivos, a aquellos que quieren o pueden comprarse un coche de estas características, o de las que sea?

Creo que debemos cerrar el grifo de ayuda a los que sí pueden pagar o tienen dinero para realizar compras. Los que no tienen nada o casi nada, no pueden ni siquiera soñar con hacerlo, así que no van ser beneficiados con nada. No podemos seguir alimentando a los que pueden. No podemos seguir subvencionando a los partidos políticos ni a los sindicatos. No podemos subvencionar a la Iglesia. No podemos hacer la vista gorda con los que hacen ingeniería fiscal para no pagar lo que pagamos los demás. No podemos amnistiar a los tramposos y premiarles con una tributación del 2,9% del dinero blanqueado, cuando al resto de la ciudadanía lo tiene que hacer al 45%. Todas esas diferencias, que tan alegremente el Estado perdona a ciertos sectores de población, seguramente hacen falta para ayudar a las capas más desfavorecidas.

Por último, quiero poner sobre la mesa una idea que me ronda la cabeza desde hace tiempo, a la vista del precio que tienen los vehículos eléctricos; promover la creación de empresas especializadas en transformar coches de combustión interna, en vehículos eléctricos. Adaptar la legislación para que esta industria del sector de la automoción, y este tipo de negocio, fueran posibles. Es cierto que los vehículos eléctricos son cómodos de conducir, carecen de cambios de marchas clásicos o de embragues, y requieren muy poco mantenimiento. Cada día se investiga más en los materiales que se integran en las baterías, y se augura un futuro con la utilización de las baterías de grafeno, que permitirán una gran autonomía y cargas súper rápidas. Claro, que con todas estas expectativas, los talleres y servicios técnicos del automóvil no estarán muy contentos.

LO QUE QUEDA DE SIRIA

Cinco años dura ya la guerra en Siria, las bombas siguen cayendo, son obra de diferentes actores, y lo cierto es que bombardean indiscriminadamente, destruyendo hospitales, escuelas y ciudades enteras. Cuando se den cuenta, Siria será un amasijo de escombros e hierros sin habitantes. Una ciudad fantasma, que hasta quedar desierta habrá originado todo el dolor imaginable, y un poco más. Habrá que preguntarse: ¿para qué habrá servido causar tanta desgracia y miseria?, ¿por qué, esto tiene algún sentido?

Cuando se oyen las noticias, parece ser que Siria está gobernada por Bashar al-Ásad a quien se culpa de todo el conflicto, pero tras leer una entrevista concedida al diario El País, te quedas en duda de todo lo que creías saber. Hay demasiados actores metiendo brasas en el fuego, por un lado Turquía, a quién culpa al-Ásad de introducir a terroristas y armas desde el principio; por otro lado está Arabia Saudí, a quien culpa de financiar a los grupos opositores y terroristas. El presidente llega a decir en la entrevista, que hay más de 80 países respaldando a los terroristas en su país, o es demencia, o hay intereses en ese pequeño país, que escapan a mi raciocinio.

En la entrevista se posiciona, en varias ocasiones, a favor de un final democrático y político, dialogado y sin armas. Pero deja bien claro, que en su país hay mucha confluencia de etnias, sectas y religiones, que hace muy complicado que lleguen a ponerse de acuerdo. Y como dije antes, según el presidente, Turquía no deja de pasar terroristas y armas a su país para dar cobertura a las posiciones opuestas al régimen. Ahora Turquía bombardea desde su territorio.

El Presidente apoya las acciones militares de Rusia, porque dice que lo hacen contra las posiciones de los terroristas y los rebeldes opuestos al presidente, pero critica las acciones de EEUU, haciéndoles responsables de los ataques a centros civiles, hospitales, campos de refugiados, etc. También arremete contra Europa por el embargo impuesto a su país, pues como dice, el embargo no afecta al Gobierno sino a la gente, a la población. Es por ello, que el embargo en nada ayuda a mantener a los sirios en su país, pues son ellos los que sufren las consecuencias y las carencias, ¿cómo van a volver?

Lleven razón los unos o los otros, lo cierto es que el país está quedando hecho un desastre, las gentes se han quedado sin viviendas, sin servicios, sin trabajo, sin dinero y sin alimentos; por lo que se juegan la vida para alcanzar otra tierra que les de lo que las bombas les han quitado. El futuro en Siria es bastante incierto y, mientras tanto, sus habitantes tratan de encontrar algún país que les acojan y donde puedan vivir dignamente, lo que tampoco está resultando nada fácil. Hay una burocracia muy enrevesada, Europa pasa una crisis, todos estamos regular, y el sentido de lo humano se ha extinguido.

PASIVIDAD GUBERNAMENTAL PARA LOGRAR PROSPERIDAD

En este fin de semana he leído un par de noticias, que me han hecho pensar en la pasividad de las instituciones para abordar y dar apoyo al progreso que se puede generar en España. La primera de ellas hablaba de un proyecto novedoso a nivel mundial de recargas de móviles y tablets. Se trata de un generador autónomo portátil que no necesita electricidad, dando servicio a los pequeños equipos entre dos o tres años, sin necesidad de electricidad.

Con la presentación del generador, que los inventores han hecho a los políticos, pretenden que estos atraigan inversores de otros países, como bien dicen en la noticia. De inmediato me he preguntado: ¿por qué no invierte el Estado español, y lo fabricamos y lo vendemos nosotros?, ¿por qué el negocio se lo servimos en bandeja a otros? O nos convertimos en inventores e invertimos en investigación a lo bestia, y vivimos de las patentes, o tenemos que explotar nuestros inventos.

En la segunda noticia que he leído, se hace mención a la instalación, por parte de BP, de la primera fotolinera en Canarias. Es un dispensador de energía eléctrica de la red de suministro, para que se puedan recargar los vehículos eléctricos, a cambio de la electricidad que es capaz de generar las placas fotovoltaicas que se han instalado en el techo del punto de recarga. Por si no ha quedado lo suficientemente claro, he querido decir, según contiene la noticia, que la instalación fotovoltaica volcará a la red la electricidad generada por los paneles solares, y será la red la que recargue los vehículos eléctricos.

Supongo que nadie habrá pasado por alto que es BP la que instala el punto de recarga, y como en el primer caso comentado, me pregunto: ¿por qué no se hace cargo el Cabildo Insular?, ¿por qué se deja el negocio eléctrico a los poderosos que ya están introducidos en el mundo de los combustibles fósiles? Con la actitud de los gobiernos regionales y nacional, jamás, dejaremos la dependencia de los magnates, que posteriormente van a condicionar la legislación en su provecho. ¿Cómo están mirando los gobiernos por la pureza del aire de su región? Esta era una muy buena oportunidad de hacer cosas positivas a favor de la ciudadanía. En lugar de inyectar la electricidad a la red se podría almacenar en baterías, o bien tener un bypass que permita la recarga directa cuando se esté demandando, o bien almacenar en baterías, y si aún sobra energía se le inyecta a la red, pero si los dueños somos los vecinos, todos nos beneficiamos de cargar los vehículos a coste cero. ¿Qué impide a la Ayuntamientos que estos favorezcan a la población?, ¿por qué no se toman más medidas de este tipo si se pretende que el parque móvil no contamine?

De igual manera, los Ayuntamientos deberían tratar de hacerse autosuficientes y generar electricidad por medios limpios, no contaminantes, que no se cobre el consumo moderado a los vecinos. Educando y pensando se podría hacer cantidad de cosas, a mi se me ocurren muchas a favor de todos, tan solo hay que tener voluntad de implantarlas. La electricidad y el agua potable no pueden ser negocios privados. Son bienes indispensables en la actualidad, y los sueldos están por los suelos. Así que las personas no pueden sentirse cohibidas ante la angustia de no poder pagar esos suministros. ¡A ver si se ponen las pilas los dirigentes, y sienten, y escuchan al pueblo!

UNIDOS, SI SE PUEDE

Ayer tuvimos una buena noticia, al menos lo ha sido para las personas que estamos esperanzados en transformar el sistema político de nuestro país. Los ciudadanos de bien, estamos hartos de tanta corrupción, de tanto saqueo a las cuentas públicas, de tanta ilegalidad cometida por los "ocupas" de las Instituciones, de tanto favoritismo de amiguetes y, de tantos privilegios blindados. Es así como nos sentimos, y es por ello que celebro que PODEMOS se haya aliado con IU para presentarse conjuntamente en las próximas elecciones. Lo celebro porque estoy convencido de que la izquierda más contraria a las imposiciones absurdas del empresariado de este país, así como de los banqueros millonarios, grupos inversores, etc., tiene que hacer de contrapeso o contrapoder de esos desarmados que no abren la boca sino para hacernos perder nuestros derechos laborales y salariales. Todo lo quieren solucionar bajando el sueldo a los trabajadores, echando más horas en los puestos de trabajo, precarizando el tipo de contrato y las condiciones de los despidos. Mientras dicen todo eso, ellos se blindan sus pensiones millonarias, así como sus millonarias mensualidades. Son salvajes y no tienen vergüenza, los agujeros financieros creados por su mala gestión, nos han obligado a pagarlos entre todos; ese es un claro ejemplo de la irresponsabilidad de la gestión de esos flacos predicadores.

A ciertas formaciones políticas les llaman radicales, y los mismos que les tachan de extremistas, le están haciendo la vida imposible a un buen sector de la población, que para comer tienen que recurrir a las pensiones de sus familiares o a los centros sociales. Esos mismos voceros y mete miedos, son los que han obligado a cerrar miles de empresas en nuestro país, los que han dejado sin empleo a miles de personas, los que han saqueado la caja de las pensiones, los que se han financiado ilegalmente, en definitiva, los que llevan años jugando de una manera sucia, robando de las arcas públicas y comisionándose con los sobreprecios que ellos consienten que paguemos por todas las obras que adjudican. Esa gente que tacha a otros de radicales, está reventando la paz social con todas sus imposiciones nada razonables, de las que solo ellos se benefician. Yo no quiero a esa gente en ningún puesto de poder, los quiero en su casa, y allí, que hagan de su capa un sayo. Sin olvidar, que si han delinquido que paguen su deuda con la sociedad; sin prescripción de delitos y juzgados por jueces independientes.

De nuevo celebro la unión de la izquierda, porque algunos se valen de la fragmentación de la misma. Ya era hora de dejar las diferencias fuera, en la calle, y pelear todos juntos para cambiar la situación. De nuevo he vuelto a sentir la ilusión de que se puede hacer algo diferente, claro, que el PSOE no va a estar, pues ya sabemos, como lo demostró en la pasada investidura, que el PSOE es un partido de centro derecha, que no culpe a nadie de su torpeza ideológica. Ellos pudieron elegir entre la izquierda y la derecha, pero como vimos todos, eligieron a los que ellos mismos tacharon en la campaña del 20D, de juventudes del PP (el nuevo PP). Lo tienen complicado, porque ya hemos podido escuchar las declaraciones de Felipe González, en las que parece inclinarse por el dialogo y la perpetuidad de la alternancia bipartidista, prefiere que apoyen al PP, que a las fuerzas del cambio. Así que ellos mismos se han excluido.

EL OLIGOPOLIO ELÉCTRICO

Las eléctricas, acostumbradas al oligopolio que representan, reaccionan contra la producción de energía eléctrica por medios limpios o alternativos. Les hacen saber a Europa que no se puede seguir subvencionando a dichos productores alternativos, debido a que la capacidad de generación está sobredimensionada. Las eléctricas se niegan a ceder el terreno de su negocio, y se revuelven para defenderlo. Esto sucede por la sobreprotección que siempre han tenido, y tienen, por parte de los Gobiernos.

Producir energía eléctrica tal como en estos momentos se hace, significa seguir contaminando como producto de la combustión del carbón, el fuel, etc., para producir el vapor a alta presión que mueva la turbina solidaria de los generadores, que son los que producen la electricidad. Igual sucede con las centrales nucleares, que no escapan al impresionante riesgo que representa una fuga radioactiva, tanto para los empleados de las centrales como para el resto de habitantes, comenzando por los que su residencia se encuentre más próxima, y terminando por los que vivan más alejados; pues algo que nunca se tiene en cuenta es que los escapes radioactivos van al aire, y el aire se mueve sin control, recorriendo regiones de un país, e incluso países distintos. Al final, todos estamos expuestos, en mayor o menor grado, a la contaminación mundial, porque compartimos el espacio, y el aire que respiramos o que se pone en contacto con nuestra piel.

España tiene una situación geográfica y una climatología muy aptas, para el desarrollo de las tecnologías limpias o alternativas. Por lo que debiera propiciar la investigación y fabricación de estos productos transformadores de las energías primarias: viento, sol, aguas, mareas, etc., en energía eléctrica. Ya deberíamos ser una potencia puntera en el mundo en este campo, habría que preguntarse por qué seguimos estancados y qué intereses lo están frenando. Otra vez aparecen las eléctricas, las niñas bonitas de los Estados, a donde van a parar muchos de los ministros de nuestros gobiernos cuando dejan la política.

Sin embargo, el Estado español debería involucrarse a fondo en obtener este liderazgo mundial. Posteriormente, invertir nuestro dinero en implantar centros generadores de electricidad por medios alternativos, y servirnos la electricidad con una tarifa sin ánimo de lucro. Como la generación y el transporte lo pagamos entre todos, que los precios se calculen solo para obtener el costo y el mantenimiento de las instalaciones. Y por supuesto que se liberalice el autoconsumo, que el quiera desengancharse de Endesa, Iberdrola, etc., lo pueda hacer con total libertad y sin penalizaciones o sanciones de ningún tipo. ¿No se aboga por el mercado global y libre, por qué se pone zancadillas a los fabricantes y consumidores de equipos fotovoltaicos, eólicos, etc.?

Una vez más, podemos observar que lo que viene sucediendo desde hace años, o sea, la práctica habitual es la sobre protección de los poderosos que te reservan un sillón para cuando termines tu periplo político, pero que sin embargo, siguen sin prestar atención ni beneficiar a la ciudadanía. ¡Estoy harto de políticos así!

LA GUERRA DEL SR. SÁNCHEZ

Han gobernado y no lo han hecho, pero ahora todos prometen el cambio, y yo no quiero llegar a los 80 años y que el cambio no haya llegado. Quieren vendernos el cambio lento, moderado, el que no alarme a la gente, pero es que hay cosas tan mal hechas que hace décadas tenían que haber cambiado. Por tanto, el cambio ha de ser ¡ya!

La estrategia actual del PSOE es culpar a PODEMOS de haberse puesto al lado del PP, y haber apoyado a este en la investidura; además de reprobarle la conducta de haber impuesto un reparto de sillones, pero esto tiene otra lectura: Yo diría que PODEMOS ha sido el único partido con ansias de desbloquear la investidura, por eso desde el principio ha estado haciendo propuestas que, por supuesto, fueron mal interpretadas y recibidas por el PSOE, y la prensa morbosa de este país. El PSOE no puede ni debe seguir culpando a PODEMOS de ir a nuevas elecciones, cuando eligieron como compañero de viaje a la derecha, con la que sumaba menos diputados que si hubiera comenzado los pactos con la izquierda; pero todos sabemos a estas altura de la película que los mayores del PSOE, los acomodados de las puertas giratorias, le habían prohibido a Pedro Sánchez que pactase con los verdaderos partidos de izquierdas.

Dice Sánchez que ha quedado demostrado que la única formación política con capacidad para pactar ha sido el PSOE, lo cual es mentira; PODEMOS fue capaz de pactar con las mareas gallegas, con Podem en Comú, con Compromís, etc. Sánchez se estaría refiriendo al PP, este si que fue incapaz de pactar con nadie. El PP ha hecho tanto daño con sus políticas en esta pasada legislatura, que nadie apuesta por una continuidad de las mismas. Y el PSOE solo fue capaz de hacerse con el apoyo de C's, ningún partido más le ha apoyado, así que menos lobos Sr. Sánchez, que ya estamos hartos de tantos embustes.

Sánchez siempre achaca a Iglesias que este ha antepuesto los sillones a las políticas, ¿y él que hace, acaso no se muere por trincar el sillón presidencial? Sin embargo, esto tiene otra lectura inteligente: ¿Cómo hacer cambiar las leyes y las políticas de este país sin tener el sillón, o los sillones adecuados, con competencia para hacerlo? Por tanto, hay que aspirar a la toma de sillones si se quiere ir en serio a por el cambio, ¿qué entiende el Sr. Sánchez por el cambio, o qué es lo que piensa cambiar sin sillones?

Sánchez lo que debe hacer es bajar de la nube a la que se ha subido con tanto practicar el "swim Obama" (las formas y el estilo de aquél). Sánchez debe bajar el tono, pues se lleva todo el día: "Yo he hecho...", "yo...", "yo...", se llama asimismo señor Sánchez, me parece que ha caído en un egocentrismo que le hace perder la humildad necesaria para gobernar para el pueblo; tiene el ego engordado, mucha palabrería y poca lucha activa por revertir la situación. El postureo del que tanto se viene hablando puede que tenga que ver con tanta carrocería, poco remangarse y poco despeinarse. ¿Qué defiendes?, ¿qué estás haciendo cada día para cambiar la situación? No me refiero al discurso y la habladuría ante las cámaras, sino a acciones positivas, efectivas y humanas. ¡Basta ya de solo defender siglas, colores y aspirar a la presidencia! Está claro que su deseo es ganar, o sea, quiere el sillón Presidencial, pero en este caso al ser su deseo, ha de ser más legítimo aspirar al sillón.

SUS REGLAS DEL JUEGO

Aquí estamos, prisioneros de un laberinto que nos fichó cuando éramos pequeños, cuando nuestros padres, siguiendo las reglas, nos inscribieron en los juzgados. Posteriormente nos llenaron la cabeza de datos, conforme a un plan de educación y formación, siempre condicionado al poder reinante del momento. Una educación enlatada, que afianzó ciertas bases en nosotros. Todo un sistema orientado a llevarnos a ser peones útiles de la cadena interminable de colaboradores forzosos de la "ONG", llamada Estado. Este, a su vez, servidor de ciertos individuos que tienen la pasta, que son los que realmente legislan los países pues dirigen desde la sombra y condicionan las políticas de los Estados. Una manera de hacer perder la soberanía a los Estados y a los pueblos que votan caricaturescamente, como medida para amansar a las fieras, pero que en realidad de poco sirve; siempre se hará lo que los usureros de la pasta y la explotación quieran.

El 26 J votaremos, y lo haremos con mayor o menor ilusión, en función de ciertas coaliciones y perspectivas, pero al final del todo tenemos al techo más inmediato, en estos momentos, llamado Europa que nos arrodillará como lo hizo con Grecia. No perdamos de vista que en Grecia se apoyó a Tsipras, tanto en las elecciones como en un referéndum concreto para manifestarse a favor o en contra de que se impusieran las medidas de austeridad y crimen social impuestas por Europa. El pueblo volvió a apoyar a Tsipras, manifestándose en contra de las reformas de la austeridad, y faltaron cojones para llegar hasta las últimas consecuencias, según fue la decisión del pueblo. Eso es una burla, un sarcasmo, reírse en la cara de la gente. No digo que de haber hecho lo que la gente votó les hubiera ido mejor, quizás no, pero la gente es mayor de edad y ha de asumir las consecuencias de sus actos: ¡Tsipras, traicionó a su pueblo!, mucho más honrado, claro y valiente fue Varoufakis; dio la cara ante la Troika, fue tachado de intransigente, pero defendió sus políticas, las encargadas por el pueblo griego, y cuando otros miembros del Gobierno empezaron a recular cobardemente, él dimitió como cualquier persona que se viste por los pies. Este es un ejemplo de cómo hay poderes ejercidos por gente a la sombra, que en cuestión de dineros no ceden, imponiendo a unos y a otros lo que tienen que hacer y los márgenes con que cuentan, porque ellos tienen que seguir especulando mientras otros se endeudan más y más.

Una clave para que esto deje de suceder es que los Estados, y ya lo he dicho en muchas ocasiones, han de llegar a ser autosuficientes, ser productivos, estar industrializados, para no depender de las subvenciones ni vivir de los dineros de los grandes grupos inversores. Cuando esto se deje de hacer, esos grupos de poder del dinero no podrán condicionar la vida de la gente, ni de los políticos, ni de los Estados. Hay que globalizar un plan de ser productivos sin uso de dinero, sino con intercambio de productos y reparto de tareas. Que cada país, dependiendo de los recursos con los que cuenta, se especialice en la transformación de su materia prima; así en todas las zonas del mundo para prepararnos para el intercambio de productos finalizados. Eso es globalización limpia y pura, no lo que hacen e inventan constantemente. Siempre están pensando las malas mentes en cómo crear nuevas oportunidades para multiplicar sus fortunas, sin tener en cuenta la salud o el estado de los habitantes del Planeta, eso les da exactamente igual. Nuestra lucha ha de ser contra esos poderes a la sombra, y la mejor forma es crear un sistema como el que expongo, o parecido, que les deje al margen, que no necesitemos de su dinero. ¡Es bien fácil!

DECIR O HACER, PUEDE SER MULTADO

La libertad de expresión la han mandado a hacer gárgaras. Esto es lo que han hecho las personas que pueden dictar órdenes en este país, en materia de la supuesta seguridad del país, de la gente, o más bien de sus intereses privados y electoralistas. Dije bien: "dictar", porque cada día, según de que tema se trate, esto se parece más a la represión de las leyes de una dictadura. Yo soy andaluz, y por tanto, poco tengo que ver con los deseos independentistas de la gente del Norte, eso comprendo le corresponde a ellos decidirlo, pero entiendo que las medidas prohibitorias aplicadas por el PP, tan solo hacen que la gente se sienta peor y más rebelde; o sea, que la manera de obrar del Gobierno en funciones es una forma de generar mayor crispación y, por ende, más abultada conversión de gente hacia el independentismo. Vamos a tener que dar la razón a todas esas personas que se han manifestado diciendo que el PP es una fábrica de independientes.

¿A qué ha venido lo de prohibir la exhibición de banderas esteladas catalanas, o la prohibición de silbar al himno español?, ¿por qué no se prohibieron los recortes y las políticas de austeridad?, ¿alguien se ha creído que los españoles hemos consentido de buen gusto todas esas atrocidades con repercusiones nefastas en la sociedad del bienestar? Y sin embargo nos las hemos tenido que tragar, aún hiriéndonos la garganta. ¿Hay o no hay libertad de expresión en este país, o solo para lo que a unos y a otros les interesan?

Al mismo tiempo que se ha dado esto, Arnaldo Otegui visitaba Cataluña y se ha formado otro revuelo, lleno de improperios contra esta persona. Los que se llevan toda la vida pidiendo que se respeten las reglas del juego, ellos no la respetan. Esa persona ha cumplido condena por sus delitos, ahora es una persona libre, y mientras no incurra en nuevos delitos podrá ser como otro cualquiera, ¿no?, más aún cuando como según parece no tuvo delitos de sangre por acción terrorista, y fue una persona clave para la pacificación de Euskadi. Arnaldo ha optado por la vía política para conseguir sus objetivos de independencia para el pueblo vasco. Tener unas ideas diferentes, pensar en un modelo de país distinto, no creo que sea un delito, ¿acaso también se le va a vetar a las personas su forma de pensar o sentir?

La Tierra no es de nadie, la vida es de cada uno, y unos pocos no pueden ni deben imponer a un colectivo la forma de vivir por ser contraria a como desea hacerlo el conjunto de los ciudadanos de una región. Vuelvo a poner el ejemplo que un día se me vino a la cabeza, mientras reflexionaba en esto y en lo que oía; la gente suele decir que la separación de los catalanes lo debemos decidir entre todos los españoles, y yo digo que es cosa de los catalanes, ¿por qué? Porque es como si en su casa un hijo quiere emanciparse y lo tuviéramos que decidir entre todos, pudiendo ocurrir que prefiriéramos que no se marcharse. O sea, le jodemos la vida y sus planes futuros, porque a los demás miembros de la familia no nos parece bien que se vaya. Eso no es una forma de respetar a los demás, lo mismo ocurre en Cataluña. Se les debe dejar decidir, libremente, a todos los catalanes, sin presiones de ningún tipo, si quieren ser parte de España y tener un proyecto común con el resto de la organización, o desorganización, del país; o quieren construir su hipotética e idílica sociedad o país independiente.

EL VERTEDERO DE SESEÑA, ¿QUIÉN SE HACE CARGO DEL CADÁVER?

En los últimos días hemos tenido noticias del vertedero de neumáticos de Seseña, una localidad de la Comunidad de Castilla-La Mancha, dándose la particularidad que de los 117.000 m² de superficie que ocupa, 22.000 m² se encuentran en terreno de la Comunidad de Madrid. Por tanto, el vertedero para enfrascar más la gestión del mismo es responsabilidad de varios entes que se deberían haber puesto de acuerdo: Junta de Castilla-La Mancha, Comunidad de Madrid y Ministerio de medio ambiente. Ninguna de las administraciones implicadas se explica cómo pudo crecer el vertedero de esa forma, pero el caso es que tampoco ninguna de ellas se ha responsabilizado de que el vertedero desapareciera.

En el vertedero se estiman que habría unas setenta mil toneladas de neumáticos, que pueden llevar acumulados más de diez años. En 1999 la empresa Disfilt, S.A. comenzó a llevar a estos terrenos las primeras ruedas. En el año 2000, tras un pequeño incendio, el vertedero fue declarado ilegal. Posteriormente, en el año 2003 se le concedió una licencia de actividad. En 2009 un juez volvió a declararlo ilegal por delito contra el medio ambiente, pues ya desde el 2005 existía un decreto por el que se prohibía verter este tipo de desechos, teniendo la obligación de reciclarse. En 2013 se encargó la gestión del vertedero a la empresa Desechos y Gestión de Ruedas Iberia, S.L., que según la investigación de la Guardia Civil (Seprona), incumplía varias normativas de diferente rango:

- Incumple la Ley de residuos y suelos contaminados. Por carecer de archivo físico o telemático del orden cronológico de la procedencia y destino de los neumáticos.
- Incumple el Reglamento de actividades molestas, insalubres, nocivas y peligrosas. Por carecer de la licencia pertinente.
- Incumple la Ley de Protección Civil. Por carecer de un plan de autoprotección.
- Incumple la Ley de Industria. Por tener residuos debajo de un tendido eléctrico de alta tensión.
- Incumple la Ley de Prevención de riesgos laborales. Por no tener un plan especifico en esta materia.

Por todo ello, se llega a la conclusión de que se trata del vertedero ilegal de neumáticos mayor de Europa, situado próximo a una zona de viviendas y a solo 30 kms de la capital. Rodeado de campo y con un alto índice de riesgo de verse afectado por un incendio, como ya avisaron en varias ocasiones tanto el Seprona como el Ministerio de Agricultura. Pero, como sucede tantas veces en España, hasta que no ocurre la tragedia no se solucionan las cosas. Por tanto, podemos decir que ha habido desidia política para solucionar realmente este problema, que en la actualidad ha afectado a numerosas familias que viven en las proximidades de un vertedero que siendo ilegal, todos los políticos que deben asumir responsabilidades han permitido hasta que ha llegado el desastre.

Para finalizar esta nueva dejadez política, he de decir que cada vez que nos ponen neumáticos nuevos en nuestros vehículos, pagamos una ecotasa, incluida en la factura, que es un importe destinado para el reciclaje de los neumáticos. Si los neumáticos están abandonados a su suerte, ¿quiénes se embolsan las ecotasas? Además me preocupa que los fabricantes de esos neumáticos no tengan nada que decir al respecto, ellos han puesto toda esa basura en la calle, y son ellos los que debieran hacerse cargo de sus desechos. No hay ninguna Administración que se atreva a reclamarle a las multinacionales, no hay leyes severas en este aspecto. No solo hay que producir y vender para obtener muchos beneficios, sino que también hay que obligar a que se hagan cargo de la mierda que generan.

ESPAÑA, UN PAÍS EN DESCOMPOSICIÓN

Este es un país que da pena por la situación actual de descomposición:

El partido que nos gobierna está fuera de la ley como lo demuestra la sentencia que le obliga a abonar un millón doscientos mil euros, en concepto de fianza o como quiera entenderse, por la financiación ilegal, cuentas del partido en B, etc.

El Sr. Cañete metido en el lío de los papeles de Panamá por el asunto de su esposa, acogida también a la amnistía fiscal del PP y, el mismo Cañete, haber obrado de un modo un tanto oscuro en el caso Aquamed.

Rajoy que remite una carta a Europa prometiendo nuevas medidas de austeridad para corregir el déficit si vuelve a salir reelegido, pues durante su mandato fue incapaz de corregirlo, incumpliendo cada uno de los años de gobierno, aunque se lo ocultó a los españoles.

Sánchez que comienza a dar vueltas por ciudades celebrando encuentros y mítines, dando entrevistas en los medios, y su único argumento es que si no sale presidente es porque PODEMOS no le va a apoyar. Omite cualquier valía personal y cualquier referencia de peso de su programa, dejando su éxito en manos de terceros, resultando una actuación y un convencimiento muy pobres.

El vertedero de ruedas de Seseña sigue humeando y no solo por el fuego, sino por las torpes medidas empleadas. Ahora remueven las filas de arriba, para que siga ardiendo las de abajo, ¿cuándo va a terminar esto, por qué no cargan los neumáticos y los llevan a reciclar? Porque nadie los quiere en primer lugar, pues reciclar los neumáticos no es actualmente un negocio, no renta. La verdad es que no saben qué hacer con la cantidad de gomas acumuladas durante más de diez años. Lo cierto es que los vecinos siguen sin poder vivir sin riesgos en sus viviendas, y los niños además de estar expuestos a peligros de salud no pueden acudir a sus colegios. Ni Castilla- La Mancha hace nada, ni lo hace Madrid, ambas comunidades fueron permisivas con el vertedero, ambas están pringadas, y los políticos que han tenido ambas comunidades no son castigados por permitir algo que es ilegal. Como siempre los políticos al margen de la legalidad.

Rivera juega al deporte nacional: Tiro a PODEMOS. Para ello, viaja a Venezuela, "la tierra vinculada electoralmente con España". Viaja para ponerse al lado de los presos políticos y, al mismo tiempo, poner una pulla contra PODEMOS en la mente de los españoles. Esto se ha convertido en el deporte nacional de todos aquellos que no tienen mejores argumentos para rebatir las políticas de los que denuncian la corrupción y la impunidad con la que funcionan las instituciones españolas. "Supongo, que después viajará a China, Corea del Norte, Arabia Saudí, etc.". ¡Ja, ja, ja!

El Clan mafioso de los Pujols sigue por la calle como si nada hubieran hecho, después de la confesión pública de Jordi padre. Hacienda y todo el sistema judicial español les permite a ciertas personas de este país que infrinjan las leyes como mejor les parece a estos delincuentes. ¿Qué debe haber detrás de lo que ha trascendido por los medios, para que esta gente (una organización criminal para delinquir) siga gozando de plena libertad como si fueran honorables ciudadanos?

El Sr. Roca, abogado de la Infanta Cristina, según expresa el juez Castro, ha ido tocando puertas a espalda de la justicia para comprar la libertad de la Infanta.

Marjaliza, a cambio de su colaboración con la justicia, consigue estar en la calle. Unos de los mayores corruptores del país, involucrado en uno de los más abultados casos de corrupción por dimensiones y cuantías, goza de libertad momentáneamente.

¿El Gobernador del Banco de España tenía responsabilidad en el agujero del sistema financiero español? No se oye nada.

¿Los bancos o cajas subvencionadas con nuestro dinero están devolviéndolo? No se oye nada.

¿Rato (el milagro económico español) y Blesa van a la cárcel a pesar de haber sido dos de los máximos responsables del agujero financiero español, y estafadores con la salida a bolsa de Bankia, así como con la venta de preferentes? No se oye nada.

Son demasiados flecos sueltos. Es demasiada mierda bajo las alfombras de los Ministerios. Los cimientos del edificio democrático español están resquebrajados, haciendo peligrar la estabilidad de todo el sistema. No hace falta que lleguen los que ellos llaman anti sistemas, ellos mismos ya se han encargado de dejar caer todo el edificio.

ALGUNOS NO SUFREN LA CRISIS

Hoy empezamos bien. Además de conocer el precio de las entradas para la final de la Champions League, entre Atlético de Madrid y Real Madrid, que están vendiéndose hasta por 2.200 ; hoy nos despertamos sabiendo que los chiflados del futbol han encargado a unos artistas falleros la construcción de una réplica de las fuentes de Neptuno y Cibeles, para que estén presentes en la final y los seguidores de ambos equipos tengan a mano un símbolo donde reunirse y festejar, unos la victoria y otros la derrota. Dije antes que eran unos chiflados porque tal encargo tiene un coste de 70.000 , que con el transporte e instalación ascen derá hasta los 100.000 , "una cantidad muy normal que s e gaste con los tiempos que corren".

Parte de la sociedad sigue estando descentrada y no tiene consciencia de la situación económica y laboral tan deplorable, que otro sector amplio de la población española está padeciendo. Los políticos, tampoco, han tenido ni tienen esa consciencia necesaria para ser austeros en sus acciones y responsabilidades. Hoy también sabemos que Gallardón y Botella pagaron 272 veces por encima del valor de mercado una estación meteorológica. La estación cuesta 700 y ellos pag an por el mantenimiento y conservación de la citada estación 191.221 anuales; esto no lo firma ni siq uiera alguien con las facultades mentales afectadas o deterioradas. Pero lo peor de todo es que el contrato que firmaron tiene vigencia hasta el 2.040, lo que significa que cuando llegue esa fecha el Consistorio habrá abonado la friolera de 8 millones de euros. ¿Alguien compra algo de 700 para su casa y le hace un segu ro anual de 191.221 ? Esto es el timo de la estampita , una forma de sangrar al Ayuntamiento, porque ha de haber intereses y comisiones a la sombra.

Otro episodio que conocimos ayer, fue el activista que se presentó en el mismo lugar en el que la comitiva del PP se disponía para que le hicieran la foto oficial del partido; gritando contra los miembros del PP, llamándoles mafiosos que le habían dejado sin comida y sin techo. Es normal que sucedan estas cosas cuando sabemos de todas esas tropelías cometidas por los caraduras de tal formación corrupta. Allá donde hayan tenido poder para mover dinero, los dineros se han perdido y se han destinado a la financiación ilegal del partido. Ahora le han multado con un millón doscientos mil euros, y la Vicepresidenta se ha apresurado a decir que lo pagarán de la subvención estatal, o sea, que la pagamos entre todos. Esto es algo parecido al taponamiento de la arteria financiera, que para eso estamos los tontos, los ciudadanos, los que tenemos que trabajar para pagar los desaguisados de los políticos y de sus amigos los banqueros.

Cospedal ha declarado que ella no tiene nada que ver con el vertedero de Seseña, pero que se sepa tal vertedero ilegal está situado en Castilla-La Mancha, y Dolores de Cospedal fue su Presidenta entre 2011 y 2015. Algo de responsabilidad tendrá cuando el vertedero seguía allí y no lo remedió. Los cargos públicos no son solo para engrosar el volumen salarial del que se hace la foto cuando es nombrado, sino para cumplir un cometido a favor de la comunidad, de la región o la localidad de que se trate. Por supuesto, unas obligaciones que han de repercutir en que la gente goce de mejores servicios y mayor bienestar general. Así es como debería ser, aunque muchos de estos "mantas" solo sirven para hacer bulto en las fotos y para costarnos un pastón.

MÁS DE LO MISMO

Tenemos a otro personaje oscuro de la política "peperiana", el Sr. Cañete, salvado por la campana de populares y socialistas en el parlamento europeo. El Sr. Cañete, de momento, se salva de tener que comparecer y dar explicaciones por sus negocios petroleros, sus acciones o intervenciones en el caso Aquamed, o los dineros que su esposa tiene en empresas offshore de Panamá, así como su acogida a la amnistía fiscal de Montoro.

Tenemos a la concejal de C's, Silvia Saavedra, que comparó a Ahora Madrid con regímenes totalitarios y nazis. ¡A donde estamos llegando!, ¡vaya precampaña electoral!, ¿cuántas barbaridades y sandeces nos quedan por oír? Cuando faltan los argumentos y las ideas, llegan los ataques, las malas formas y los insultos. Nuevamente, asistimos a la exhibición de las malas artes políticas de los que se sienten perdedores.

Según declaran algunos, últimamente, va a resultar que los malos son todos aquellos que no aparecen por Venezuela. Hace años estuvo de moda dar una vuelta por Cancún, y ahora es la moda dar una vuelta por Venezuela y crispar a Maduro, ¡qué fijación con ese país!, ¿dan algo en Venezuela? – posiblemente, votos, según lo creen algunos de los que van a hacerse la foto. Esto no se había visto nunca en España hasta que nació

PODEMOS, y consiguió éxito en las votaciones. A partir de entonces, el deporte nacional es lancear y cornear a esta formación, para crear en la mente de los españoles que son lo peor de lo peor. Casi todos los partidos hacen uso de las políticas del miedo, mientras que PODEMOS trata de hacer las políticas del cambio. Aunque todos estos viajes del marketing se hagan a Venezuela, que sepan todos ellos que si lo que están haciendo es luchar contra las injusticias, las poblaciones reprimidas, etc., se van a tener que convertir en Willy Fog, pues les queda un largo viaje alrededor del mundo.

Para terminar, quisiera hablar del músculo que dice lucir Hacienda, cuando difunde la noticia de que en este año han aflorado trece mil setecientos millones de euros, por los que tributarán ochocientos cuarenta millones, el equivalente a un seis por ciento de las cantidades ocultas al fisco delictivamente. De nuevo, ¡premio a los chorizos de este país!, mientras el resto debemos tributar en sus fechas y a porcentajes que rondan el cuarenta por ciento, ellos delinquen y lo hacen, cuando les da la gana, al seis por ciento. ¡No es para indignarse, es para lo siguiente…! Desde que Hacienda sacó el modelo 720, hace cuatro años, para que pudieran declarar voluntariamente los dineros ocultos al fisco y se blanquearan (ahora le llaman aflorar), han salido "de debajo de la losa" ciento cuarenta y un mil millones de euros. ¿Nos está Hacienda invitando a todos a que seamos delincuentes?

En definitiva, los acuerdos de siglas y colores actúan de una manera torticera para salvarles el culo a los infractores. Los insultos siguen siendo el deporte político nacional para hacer ruido y no hacer nada. Los políticos van a donde sea que les de votos, aunque hablen poco o nada de sus medidas y programas que afectan a los españoles. Y algunas instituciones como Hacienda, en este caso, vemos que tienen varias varas de medir, una para los ciudadanos y, varias otras, para los tramposos.

NI SORDOS, NI CIEGOS, NI TONTOS

Cuando el sistema no le da al grueso de la ciudadanía lo que necesita para llevar una vida digna, el sistema no nos vale. Esto sucede actualmente, cuando más gentes hemos perdidos nuestros trabajos y cuando más gentes están trabajando por menos dinero, incluso es el momento en el que trabajando se es más pobre que nunca. ¡Hay que ver cuántos negocios se han cerrado en los últimos años!, te paseas por las calles de tu ciudad y ves persianas bajadas en los bajos de los pisos. Se suceden metros y metros, cientos de metros de escaparates que dan lugar a espacios abandonados, donde tantas veces nos hemos parado a mirar los productos expuestos en esos mismos escaparates, ahora vacíos.

Hay cantidad de gente sin trabajo, que no puede llevar ingresos a su casa, porque los especuladores se han pasado tres pueblos construyendo, alterando el precio de los inmuebles y dando créditos a diestro y siniestro. Los banqueros, a los que encima se les ha premiado con el dinero de todos nosotros, son unos de los artífices responsables de la presente crisis financiera. Pero ya sabemos lo que dijeron desde el Gobierno: "a los bancos no se les puede dejar caer", a los ciudadanos si se les puede dejar sin trabajo, ya comerán de las pensiones de los pobres abuelos; de esos mismos a los que les han subido las pensiones un ridículo 0,25 %. ¿Qué está sucediendo?, pues que ahora mal comen todos, pero parece que esta es la solución que satisface a la trama corrupta que nos gobierna.

Los ciudadanos debemos abrir los ojos y darles boleto a todos estos desaprensivos, por dejadez de funciones; puesto que no ha primado en su trabajo la protección del bienestar de la ciudadanía. Han protegido a los banqueros y, han adoptado las reformas laborales que les dictaron los banqueros y los empresarios; a los que se les llenaban la boca cuando decían: "hay que trabajar más y ganar menos". Este mensaje si que lo entendieron y rápidamente impusieron los decretos que nos acercaban a este modo de proceder. La gente no quiere esto, sino que paguen los que han generado la crisis, la burbuja inmobiliaria, los que no quisieron pinchar la burbuja y todos los ministros que no la vieron venir o, bien, les interesó la especulación que se movía a su alrededor. El resultado de todo ello, lo estamos viviendo: un número bestial de parados, la precarización del trabajo, la pérdida de los derechos, menor consumo interno, casi se han cargado la caja de las pensiones y la deuda pública es superior al 100 % del PIB.

A pesar de todo lo expuesto, los caraduras siguen tratando de generar una idea en los votantes de que el país va bien, de que ha sido una buena legislatura, que crecemos más que nadie; supongo que se refieren a los casos de golfería y corrupción, ahí han dado en el clavo, estamos a la cabeza. Más latrocinio es imposible, robar más millones de euros y jugar más sucio, es casi imposible.

Ahora cuando llegue el 26 J, los sordos y ciegos que sigan votando chorizos, para que sigan saqueándonos, abriendo cuentas en paraísos fiscales, sigan mintiendo con los balances contables, sigan haciendo más "milagros económicos" como el de las preferentes, la salida a bolsa de Bankia, etc.

MÁS SOBRE LOS TRATADOS DE LIBRE COMERCIO

Desde antiguo algunas potencias han tratado de dominar a otros territorios del mundo, para ello se hacían guerras y, ahora, se crean mecanismos que devoran la economía de los más débiles. Concretamente, desde 1890, EEUU e Inglaterra han tratado de ser el centro económico, político y territorial del Planeta. EEUU puso en marcha la Primera Conferencia Panamericana de la que nacieron los Tratados de Libre Comercio, entre EEUU y los países latinoamericanos; una forma más amable de imponerse. Con estos tratados la economía grande se sirve de la economía más pequeña, al mismo tiempo que se crea una dependencia de los países pequeños hacia EEUU. La diferencia de poder, permite que EEUU imponga condiciones que no podría imponer a otro país de poder similar al suyo. En los países que han firmado dichos Tratados aumenta su endeudamiento, el desempleo y la pobreza. Podríamos decir que se trata de una injerencia o invasión silenciosa que devora a los Estados menos poderosos.

El falso argumento que EEUU ha dado a los posibles firmantes de sus Tratados es el de que se van a incorporar al mayor mercado del mundo, pero que si quieren nuestras industrias vender en él, hay que aceptar las condiciones impuestas por EEUU; es ahí donde comienza el drama. Te venden que van a desaparecer los aranceles y que los productores, agricultores, ganaderos, etc., locales, obtendrán mejores cifras de negocio. Lo cierto es que EEUU como gran potencia económica que es, actúa de la siguiente manera en el caso de los agricultores: les subvenciona a un nivel imposible para los países firmantes de los acuerdos, de tal forma que los agricultores estadounidenses puedan competir en mejores condiciones; haciendo desaparecer el sector agrícola nacional y, del mismo modo, los demás sectores. Entran productos masivamente y hacen quebrar a los productores nacionales; por tanto, las ventas nacionales apenas se incrementan, sino que se importa más, debido a que EEUU obliga a los otros países a que relajen sus leyes, al mismo tiempo que EEUU mantiene su nivel de exigencia para las compras de productos no americanos.

EEUU trata con sus acuerdos de que sus empresas y grupos inversores puedan operar libremente en los países que aceptan el Tratado, y para ello, minimizan la soberanía de los países frente al poder que conceden a sus empresas y grupos de inversión. Para conseguir este punto, EEUU impone una comisión reguladora o Tribunal de Arbitraje, compuesto por tres abogados independientes a los que se les otorga poder suficiente como para maniatar las leyes de cualquier país y sacarle dinero. Este Tribunal podrá denunciar a cualquier país que trate de hacer una ley, que ellos estimen va a perjudicar los intereses comerciales de cualquier empresa americana; teniendo capacidad para multar millonariamente a esos Estados. Por tanto, el Tribunal de Arbitraje es una forma de sacar del tablero de juego a los Parlamentos y la decisión de los ciudadanos; o sea, la soberanía de los países. El Tribunal protege al empresario y al inversor americanos, anulando la legislación de los países. ¿Qué capacidad de reacción para defenderse dejan a los Gobiernos, si hay 75000 multinacionales al acecho para denunciarte ante cualquier cambio legislativo?

Actualmente, EEUU y una comisión europea negocian en secreto un Tratado similar a lo que llevo expuesto, que nos afectará a todos los ciudadanos, se desconoce el grado de exigencia sobre los países firmantes. Solo nos han llegado filtraciones, no hay información oficial, la falta de transparencia y el secretismo son absolutos. Dicen que no nos pueden decir nada por seguridad.

Lo que sabemos es que EEUU está tratando que las autoridades europeas rebajen el nivel de exigencia para preservar la salud de los ciudadanos, la calidad de lo que consumimos y cuidar el medio ambiente. Con la legislación europea actual cantidad de productos "basura" de las empresas americanas no tienen cabida: los pollos clorados, las carnes adulteradas, hormonadas, o los animales y plantas modificados genéticamente. Los productos modificados no se etiquetan en EEUU, no se ofrece información a los consumidores, no se testan para el uso humano, por lo que se derivan riesgos de su consumo. En Europa tenemos un principio de precaución, que consiste en analizar y comprobar que un producto es inocuo antes de comercializarse; sin embargo, en EEUU no se hace a priori. Allí, primero se comercializa y ya se verán los resultados y peligros que se puedan derivar de su consumo.

Lo que interesa a EEUU es que la UE degrade sus normas laborales, sociales y medio ambientales, porque sus normas son menos exigentes. De ese modo, sus productos menos cuidados en cuanto a preservación de la salud de las personas, su mayor índice de contaminación, su mayor tendencia a la privatización de los servicios públicos, la utilización de más de 3000 productos químicos cancerígenos, tóxicos o peligrosos, que están prohibidos en Europa, o el problema que representa para los grupos inversores los derechos laborales; los quieren hacer desaparecer en nombre del dinero, las inversiones y las cifras de negocio de las industrias americanas. Si cualquier multinacional americana puede concursar para optar a los servicios públicos de nuestro país, puede suceder que dentro de unos años la Seguridad Social esté en manos privadas americanas, y ya sabemos qué tipo de Seguridad Social hay en EEUU, privada, o la pagas de tu bolsillo, o te mueres en la calle por un simple resfriado mal curado.

EEUU tiene el 30% del PIB mundial, gracias a que puede y hace uso de la maquinita de hacer dinero, pero aún así uno de cada seis americanos es pobre, ¿qué viene a ofrecernos EEUU?

"SON IRREGULARIDADES DE NÁ"

Dos argumentos claves, pronunciados por la Presidenta de la Junta de Andalucía, en su declaración por el montaje de los cursos de formación: "No ha habido menoscabo de dinero público y habrá habido alguna irregularidad". A lo que habría que añadir: "Ya está, chiquillo, aquí no ha pasado ná". Se lleva varios años hablando de que hay ciertos señores que han estado vinculado con la Junta de Andalucía, o sea, que han trabajado en la misma y, al mismo tiempo, han abierto una cadena de centros de formación para el empleo, que se han llevado el grueso de los cursos de formación, muchos de ellos, según ha trascendido, sin alumnos reales o justificados con facturas falsas, pues obligaban a facturar al profesorado el doble de lo que realmente le abonaban por impartirlos, etc. Quiere decir, que el coste del profesorado fue la mitad, por tanto, hubo dinero público supuestamente para que se pudiera impartir el curso, que ha ido a parar a bolsillos particulares. ¡Si eso no es robar, que venga Dios y lo diga!

Los políticos tienen la habilidad de tratar de justificar lo injustificable, y de creerse que sus explicaciones siempre son bien recibidas por los ciudadanos, pero se equivocan. Hoy en día, ya sabemos que mienten más que hablan, y son bastante locuaces. Prometen en campaña y todo o casi todo queda en agua de borrajas y, claro, como se aproxima una nueva cita electoral, Susana, lo ha previsto prohibiendo, presuntamente, la emisión de las comparecencias por las tres cadenas de la televisión pública, así como el empleo de los argumentos a los que me referí antes, que parece les quitan hierro al grave asunto de los cursos de formación. Algo similar a lo sucedido con el caso de los EREs, que tantos años lleva coleando, pero que nadie cae de verdad. Hasta ahora solo han salido de la política Chaves y Griñán, pero ¿dónde están los dineros sustraídos a los andaluces y a los españoles? Incluyo a los españoles porque si algunas partidas procedían de Europa, que es algo posible, nos cuesta el dinero a todos los españoles en forma de aumento de la deuda, que si no viene nadie a poner las cosas en su sitio y se audita la deuda, se pide responsabilidad a los ladrones, etc., la tendremos que abonar entre todos.

No es bueno que un partido gobierne desde hace tantos años en una región, porque como estamos viendo se toman las Instituciones como cortijos propios y comienzan a confundir lo propio con lo ajeno; algo que hace años llegó a declarar, en su defensa, el Sr. Chaves. Se dan dineros a quienes no se lo han ganado, pero se dan por amistad o parentesco, como por ejemplo a las empresas donde trabajan los hijos de tal o cual, y se pierden los dineros, se engordan las facturas, se sobrevaloran las adjudicaciones y se reparten dineros los que tienen poder, además de financiar con una parte a su partido. Esto lo estamos viendo con el PP en todas las regiones de España, pues lo mismo sucede con el PSOE de Andalucía. Llevan tantos años siendo los dueños y señores de esta tierra, que se confundieron hace tiempo de oficio y de responsabilidades. Habría que investigar, a fondo, las adjudicaciones de todo tipo realizada por la Administración andaluza. Habría que auditar, a fondo, todos los movimientos y relaciones con empresas, cuentas de partido, etc., para averiguar que ha pasado a lo largo de los años de Gobierno, con los dineros públicos que estamos viendo resultan tan golosos a los políticos.

NADIE VE NI OYE NADA

La derecha española, cercana al empresariado, le ha costado poco hacer negocios con ellos; hasta tal punto que la avaricia de ciertos individuos políticos ha hecho estallar, la burbuja del comisionado y la financiación ilegal, por los cielos. Es evidente que las formas habían enraizado en lo más profundo de la estructura del partido. De ahí, que las malas y delictivas prácticas hayan surgido en cualquier región española, o en cualquier Ayuntamiento donde estuviera gobernando el PP.

La izquierda venida a menos y, por tanto, actual centro-derecha, denominada PSOE, se inventó para mangonear, igualmente, lo de los EREs y lo de los cursos de formación, con los que se han distraído algunos miles de millones de euros, que algunos se lo metían por la nariz, se lo gastaban en copas y putas, lo guardaban bajo el colchón como el tal Lanza, conseguidor de los EREs por parte del sindicato UGT, y ya que nombro el sindicato, otros lo emplearon en abultadas comilonas y mariscadas.

Lo curioso del caso es que ninguno de los "jefes" tanto de un partido como del otro, se enteraban de nada. Esta es la tónica general y frecuente, nadie sabía nada, nadie veía nada, todos eran inocentes y sus compañeros de partido confían mucho en ellos. Los jueces los imputan por prevaricación y malversación, como es el caso de Chaves y Griñán, pero Susana sigue creyendo en la inocencia y la honestidad de estos dos "jefes" que no supieron ver lo que pasaba a su alrededor. A Pedro Sánchez le sucede otro poco de lo mismo, los exculpa, se pone de su lado y, por tanto, contra la justicia y sus investigaciones; les pasa la mano por el lomo a los presuntos delincuentes y proclama su creencia en la honradez y honestidad de los sordos y ciegos de su partido político.

¿Cuántos distraídos más tenemos que aguantar en este país, para que de una vez por todas se desenmascaren a todos los caraduras que se encuentran saqueando los dineros públicos? ¿Cuántas trabas más le van a poner a los jueces de este país, para que se dilaten en el tiempo los casos de corrupción interminables, o para que se aireen los trapos sucios cuando a ellos les interesan, siempre en fechas alejadas de las elecciones?

Los ciudadanos estamos hartos, pero que muy hartos de que individuos ladrones estén al frente de Instituciones públicas. De que nuestros dineros sean movidos y malversados por gente sin escrúpulos ni moral alguna. Estamos hartos de que nos mientan continuamente y de sentirnos un tanto maniatados e impotentes, pues nuestro deseo sería que salieran inmediatamente de la vida pública, echarles de los cargos públicos y que se alejaran cuanto más mejor. ¿Cómo podríamos exigirles que nos devolvieran todo lo que ha sido nuestro y nos lo han robado? ¿Qué se podría hacer para que los jueces fueran contundentes de una vez por todas, y se dejaran de aplicar condenas de compromiso? ¿Cómo Carlos Fabra puede tener ya el tercer grado, cuánto cuesta un aeropuerto inservible? ¿Cómo hablan de una condena a Messi de veintidós meses (para que no pise la cárcel) con un delito de fraude fiscal de 4 millones de euros, cuando hay algunos que se han llevado casi ese tiempo en prisión preventiva, sin conocerse aún el delito cometido? ¡La justicia en nuestro país es un despropósito! Los jueces no pueden ser elegidos por los señoritos del PP y del PSOE, porque pasan estas cosas tan lamentables.

DESAGUISADO CREMATÍSTICO

Me voy a referir a los políticos que han gobernado, a la alternancia PP- PSOE, pues como pude ver ayer en la hemeroteca del programa: Al Rojo Vivo, de la Sexta, cuando gobernaba el PSOE y ocurría que las cifras del paro bajaban en Mayo, el PSOE sacaba pecho como que era producto de su buena gestión de empleo y, el PP le quitaba importancia diciendo que era lo normal por el comienzo de la campaña de verano y la mayor contratación de cara a la estación estival. Sin embargo, ahora el PP, que actuaba como he dicho cuando gobernaba el PSOE, es el que saca pecho, reproduciendo lo que antaño descalificaba o desmerecía.

Tenemos enfrente al colectivo más falso que nos podemos echar a la cara, son mentirosos compulsivos con tal de hacer caer a sus rivales. Se llevan toda la vida compitiendo por ganar votantes, sin importarles nada o muy poco lo que sucede en las calles, cómo viven las gentes, qué problemas impiden a la ciudadanía llevar una vida digna, etc. Y todo, o casi todo está por hacer, a cada momento nos sorprende que nuestro código legal, incluida la intocable Constitución, tenga las lagunas que tiene, como es el caso que pude escuchar ayer: 181 senadores han reclamado la indemnización de 8345 correspondientes a final de legislatura; cuando esta mini legislatura solo ha sido de cuatro meses, ¿este qué robo es, una indemnización de ese montante por solo cuatro meses de trabajo? Dicen que es legal, pues la ley especifica que al terminar una legislatura y hasta comenzar la siguiente los senadores se quedan sin ingresos, pero la ley no piensa en los casi dos millones de personas paradas, que no encuentran trabajo y que no cobramos ni un euro. Este caso demuestra, una vez más, el ancho del embudo que se aplican los políticos cuando se trata de llevarse el dinero ellos, o de paliar una situación que afecta a los ciudadanos. ¡Esta es la vocación de servicio público de esta gente!

No solo se van a llevar esa abultada cantidad de dinero, sino que cuando se realicen las elecciones van a percibir los partidos la subvención correspondiente más la cantidad en función del número de diputados que obtenga cada formación. Teniendo la situación económica que sufre el país, ¿no hubiera sido más sensato y coherente que los senadores y los partidos hubieran renunciado a sus privilegios, ante una repetición de elecciones, donde ellos son los únicos culpables?, ¡qué le gusta el dinero a esta gente!, y con gente a la que tanto les tira la pasta, ¡hay que tener mucho cuidado!, pues a la primera que pasen los billetes bajo su nariz, comienzan a desaparecer.

A los partidos políticos se les ha de dejar de subvencionar, ellos si que se han acostumbrado a vivir mantenidos y, aún así, les debe parecer insuficiente todo lo que ellos se conceden asimismo, pues los frecuentes casos de corrupción nos lo hacen saber, el dinero les sabe a poco. Otros dicen que si estando subvencionados nos roban, si no se les pagara, nos dejaban en ropa interior, aunque ya casi hemos llegado a tal punto, a pesar de que cobran bien. También he escuchado otras voces que se inclinan por defender que los políticos roban porque están mal pagados, que habría que subirles los sueldos. Claro, los que lo defienden no se han parado a pensar que el que roba es un delincuente, y si tiene esa mente insaciable y corrupta, lo va a hacer cobrando diez o treinta; pues la ambición desmedida de ciertos personajes hace que no gestionen con honestidad y honradez.

HAY QUE CAMBIAR TODAS LAS LEYES DE NUESTRO PAÍS

Como ciudadano, una de las cosas que me preocupa es escapar de este laberinto social, ideado por unos pocos e impuesto al resto de las personas. Sigo pensando en ello, y encuentro un sentir interior que me dice que hay que vivir ignorando las normas dictadas por aquellos, pues son las direcciones que a ellos les conviene que todos transitemos. Sería como vivir una sociedad al margen de la que ellos han inventado y manejan. No es pelear contra ellos físicamente sino contra sus normas. No es emplear la violencia sino ignorarles a ellos y a sus normas. ¿Cómo podremos llegar a conseguirlo?

Hasta ahora se ha jugado de manera que los mayores beneficiados son los poderosos, así que es necesario, en primer lugar, cambiar las leyes para que de aquí en adelante los mayores beneficiados seamos los ciudadanos. O sea, que los ciudadanos deberíamos coger todas las leyes existentes y modificarlas, mejorarlas o eliminarlas, dependiendo del grado de desviación de nuestros intereses, que muestre. Un grupo numeroso de ciudadanos debe reunirse y revisar todo el conjunto de leyes que rigen en nuestro país, debiendo tener conexión directa con el resto de los ciudadanos para incorporar, al menos contemplar, propuestas que estos les puedan hacer llegar. Es necesario, por tanto, que desde este mismo instante los políticos no tengan potestad para hacer ninguna ley, si lo aceptan bien y si no es así, que se marchen. Son una partida de individuos que se venden a los poderosos, y gente así no le interesa a la población, porque a los que verdaderamente benefician, son a los poderosos.

Ya con ese primer paso hay trabajo para dar y regalar. Esto lo deben de entender los que se presentan a las elecciones, si quieren lo mejor para los ciudadanos, que nos dejen hacer las leyes, que nos permitan colaborar en la elaboración de un nuevo código legal. Si no lo hacen, ya tenemos el primer síntoma de que vienen para hacer lo mismo que los que no nos sirven. No nos hace falta gente que vengan a asegurarse un pastizal de lo público, al mismo tiempo que sigan haciéndole el juego a los poderosos. Los poderosos pueden tener mucho dinero, pero si lo emplean en fabricar en China y después nos lo quieren vender, pero nosotros no compramos sus productos, ya están empezando a perder la partida. Si los poderosos vienen a condicionar las políticas del país porque prometen inversiones y puestos de trabajo, pero se encuentran con unas leyes que no les permiten su juego; además de encontrarse un país que tiene un plan de industrialización pagado entre todos, y no nos hace falta su dinero, tampoco tienen nada que hacer. Como esto, con todo, cortándole el paso para que no ganen dinero con las corruptelas que suelen aplicar sobre ciertos individuos e Instituciones. Se quedarán con sus dineros pero no les servirán para pervertir el país, como hacen ahora.

Ya sé que estoy apuntando alto, a donde ni siquiera Montoro se atreve, pues como sabéis ha dicho en más de una ocasión que si se les presiona, se llevarán el dinero. Yo les digo: ¡Qué se vayan!, se lo digo a los poderosos y a todos los arrodillados actuales, que han preferido que el pueblo lo pase mal, se quede sin trabajo y sin ingresos, pero decidieron cumplir con las normas dictadas por esos poderosos. ¡Claro que hay que hacer la "guerra" contra los poderosos!, hay que caminar sin miedos y con mucha dignidad a defender lo nuestro, nuestras vidas, nuestros derechos como seres humanos que nos han sido pisoteados, nuestro futuro y el de nuestros hijos, nietos, etc.

LA CREACIÓN DE UN PAÍS RENTABLE

Todo el problema económico actual, que es serio, no le voy a quitar importancia, pues los inútiles nos han llevado a tener una deuda con Europa del cien por cien de nuestro PIB, mientras siguen diciendo que España crece económicamente como ningún otro país; se podría remediar si todos tuviéramos empleo de calidad, fiable y bien remunerado. Con tan solo este apartado resuelto, la economía real del país se activaría como si aquí no hubiera pasado nada. Digo economía real, porque nosotros estamos viviendo una falsa bonanza, enmascarada y sustentada con dinero que se pide prestado, o sea, endeudando al conjunto de la ciudadanía.

Si llegamos a entender que generar empleo y la necesidad de que todas las personas con deseo de trabajar, lo puedan estar haciendo, mas como dije antes, que dichos trabajos sean dignos y te den seguridad, la gente comenzará a gastar porque tendrá dinero para ello, y de seguida la economía se reactivará. Esto no es ningún secreto, por tanto, todos los partidos deberían estar volcados en esto, que es lo más primordial para el bien del conjunto de la ciudadanía. Todos los mítines que nos van a dar en las próximas semanas deberían orbitar alrededor de este tema fundamental, y no en las descalificaciones, que es lo que suelen hacer los aspirantes a políticos y los políticos profesionales, que también tenemos demasiados en España.

Sigo convencido que el Estado debe dar las mejores y más favorables condiciones a los empresarios para que amplíen sus plantillas, pero si aún así no lo hacen; el Estado debe salir al paso de la ciudadanía que le paga y le mantiene para conseguir una sociedad de bienestar, debiendo establecer un plan de inversiones, que debemos pagar entre todos para industrializarnos, sin pedir más dinero a nadie. Cuantos más invitados haya en la fiesta, a cambio, más exigencias nos impondrán, y ya estamos bastante hipotecados como país. Necesitamos que el Estado confeccione un plan de industrialización que alcance a cada población, seguido de una mentalización de consumir lo que fabriquemos, lo nuestro, porque es lo que nos asegurará nuestros puestos de trabajo, esto se ha de entender.

Los empresarios, banqueros y demás grupos inversores, que sigan a lo suyo, pero que el conjunto de la ciudadanía dependamos de ellos lo menos posible, del mismo modo las Instituciones que componen el Estado. Si continuamos como hasta ahora, con una fuerte dependencia de esos entes, nos engullirán como están haciendo poco a poco. Debemos arrojar de nuestras mentes los pensamientos antiguos que han justificado funcionar de un modo que hasta ahora ha ido medianamente bien; ahora toca hacer cosas diferentes para conseguir resultados distintos. Por eso no es un imposible, dar su sitio a cada uno, pero tratar de defenderse de las injerencias de unos y otros. Hay que caminar hacia un Estado o un país autosuficiente, colaborador con otras organizaciones territoriales, por ejemplo: Europa, pero con riqueza propia, debido al grado de industrialización, tecnología, investigación, etc. Hay que ir a por ello, al menos lo debemos intentar, de otro modo nunca lo conseguiremos. No podemos seguir conformándonos con las formas acomodaticias que nos brindaron, que siempre es prestarnos dinero y, por tanto, endeudarnos. Debemos progresar por nosotros mismos.

EL VOTO POR CORREOS DE UNA PERSONA IMPEDIDA

Una muestra más de que la ley no está hecha para poner fáciles las cosas a los ciudadanos, es el voto por correos, especialmente cuando la persona que desea ejercer su derecho de este modo, se encuentra con movilidad reducida, impedida, etc. Ayer, fui a visitar a mis padres y me manifestaron que deseaban votar por correos, puesto que mi madre lleva unos meses que casi no puede dejar la cama, debido a los dolores provocados por una caída y sus consecuencias posteriores. Lo primero que hice fue consultar por Internet en mi teléfono móvil, cómo se debía de actuar. Fui a una oficina de correos a pedir las dos solicitudes, y cuando el trabajador de la oficina de correos me hacía entrega de las mismas, le pregunté acerca del caso de mi madre, y ahí comenzaron las dudas, pues en el caso de personas que no puedan ir a las oficinas de correos a entregar la solicitud, una vez rellena, han de presentar un certificado médico y un poder notarial a favor de la persona que viene a entregarla en su nombre. Todo ello, gratuito, según me indicaba el funcionario o empleado de correos, informándome que fuera a su médico para que me hiciera el certificado y que eso pondría en marcha lo del notario, algo que no es así. Esta conclusión la ofreció tras consultarle a alguien que tenía un despacho independiente de los mostradores, que más bien parecía el jefe de aquella oficina de correos.

Cuando estaba de vuelta en casa de mis padres, procedí a cumplimentar los documentos que me habían dado, un juego de formularios para mi padre, y otro para mi madre. Ahora quedaba solucionar el entuerto del certificado médico y el notario, así que llamé a la Delegación de la oficina del censo electoral, centro neurálgico de toda la operativa que tiene que ver con el voto por correos, y me indican que una vez rellenos los documentos facilitados en la oficina de correos, debía llamar al colegio médico para que mandaran un médico a expedir el certificado médico; cito palabras textuales, y que posteriormente llamara al colegio de notarios para que enviaran a un notario a casa de mis padres, así que me facilitaron los números telefónicos de ambos colegios, el de médicos y el de notarios.

Llamo, en primer lugar, al colegio de médicos; le comento mis pretensiones siguiendo instrucciones de la Delegación de la oficina del censo electoral, y me dicen que tengo que ir por allí a recoger un certificado, para posteriormente ir al médico de mi madre para que lo complete. Insisto en lo que me habían dicho en la Delegación, acerca de que ellos debían enviar un médico para que hiciera el certificado, y contesta que eso no lo hacen ellos. Le ruego que lo consulte con algún departamento del colegio médico, y me dice que ellos solo facilitan el documento del certificado, y vuelve a decir que debo ir al colegio a por él. Termino la llamada en ese punto y me comunico con el colegio de notarios, sucediendo algo parecido, hay que ir al colegio a solicitar "un turno" y posteriormente un notario haría un poder para la persona que fuera a entregar la solicitud de voto por correo. De nuevo, el ciudadano, tendría que molestarse en ir de un lado para otro y ninguna versión coincidía, lamentablemente; ningunos de los actores intervinientes hablaba de los mismo, ni correos te decía con exactitud cómo se solucionaría aquel servicio, pero tampoco lo hacía la Delegación de la oficina del censo electoral, y los colegios tenían sus propias normas.

Llegados a este punto, vuelvo a llamar a la Delegación de la oficina del censo electoral y les indico que llamé hacía unos minutos, que había seguido sus instrucciones pero que las cosas no eran como ellos me habían indicado, que no vendría un médico ni un notario con solo llamar a sendos colegios profesionales y, que una vez más, era el ciudadano el que tenía que molestarse porque el sistema, una vez más, demostraba no estar al servicio de las personas sino al contrario. La funcionaria que me atendía me dijo que lo comprendía pero que esa era la ley electoral existente, y que solo actuaban según la misma; a lo que le añadí que me permitiera el siguiente comentario, sin hacer uso de colores y siglas, pues era muy lamentable que llevaran años sucediéndose los partidos políticos y ninguno cambiara la ley para facilitarle las cosas a los ciudadanos. Lo reconoció y ahí terminó la conversación telefónica y la aspiración de que mi madre votara por correos.

ACTUAR CONSECUENTEMENTE

De nuevo una burrada de la justicia: Un chaval que gasta con una tarjeta falsa 79 euros y le caen 5 años de cárcel. Con todo lo que ha llovido en este país en los últimos años, que ha representado millones de euros, incluso confesados, como es el caso de Jordi Pujol, por ahí, en Cataluña, dando vueltas por las calles. Cantidad de millones de euros estafados a los españoles que están por ahí dando vueltas por los paraísos fiscales, sin que caiga todo el peso de la justicia contra los delincuentes. Y cuando parece que va a caer, lo hace levemente, en diferido y al poco tiempo tercer grado, o lo que es igual: más carcajadas a la espalda de la ciudadanía.

Con la corrupción que hemos sufrido en este país, es como para darle una colleja al chaval, y decirle: ¡anda, no lo hagas más, y tira millas!, y que siga con su vida, pues han pasado seis años y el valor sustraído es una limosna vergonzosa, al menos, comparada con el latrocinio de los señores de alto standing, que por supuesto han demostrado no tener principios ni valores para vivir en sociedad. Esa gente es parasita del resto de la población, se ha acostumbrado a vivir saqueando al resto de las personas decentes y, por supuesto, la gente decente no se deja embaucar por las prácticas corruptas y manipuladoras de los que ahora vienen haciendo videos sin descanso y aplicando ritmos de merengues a su himno de partido. Lo más grave es que no se sabe lo que tiene que hacer esa gente desaprensiva y ladrona, pagadora con dinero negro, estafadora, mafiosa, que además no se enteran de nada, no saben nada, y que siempre confiesan confiar en aquellos que los jueces van demostrando que han metido la mano en la caja.

Cada persona que vote lo que quiera, estaría bueno que no lo hicieran o se lo impidieran, pero es razonable pedirle a algunos millones de personas que lo hagan consecuentemente; que no hay que tener apego a los colores cuando estos presentan un programa e ilusionan a la gente, para acto seguido, incumplen la totalidad de su programa. Si la situación no se lo permite aplicar, hay que tener vergüenza e informar a los ciudadanos al día siguiente de tomar posesión del cargo, y poner este a disposición del pueblo para que le ratifiquen, una vez explicadas las razones que existen por las que no pueden gobernar según su programa. Han pasado casi cinco años de los hechos, del asalto al poder en Diciembre del 2011, y los ciudadanos inteligentes, lo recordamos; recordamos los decretazos de cada viernes, el empeoramiento económico y laboral, el cierre de cantidad de empresas, las miles de huelgas que se le ha hecho a la mala gestión de este Gobierno, los efectos dictatoriales de su mayoría absoluta y los cientos de casos de corrupción a lo largo de todo el territorio nacional. ¡La gente sensata, no podemos olvidarlo!, por ello, votamos en consecuencia.

Comprendo que cuanto escribo no les guste a algunos, sobre todo a aquellos con situaciones personales más desahogadas o pudientes, pero no se puede agachar tanto un Gobierno porque pierde su soberanía a favor de la Troika. No todos han reaccionado de igual modo, por ejemplo Reino Unido está en Europa de la manera que a los ingleses mejor les conviene, ¿por qué España, no? El 26 J hay que ir masivamente a votar, a petar las urnas para que las cosas cambien, dentro de lo posible.

EL SERVICIO ANDALUZ DE SALUD HACE AGUAS

La seguridad social está regular, casi seguro que se debe a los recortes practicados últimamente. Mi madre se cayó hace ocho meses, de lo cual resultó un dolor bastante intenso en ambos costados, fue a su médica que de seguida le remitió para que le hicieran radiografías y, desde primera hora, le dijeron que no tenía ninguna rotura, que era el dolor típico, como se dice vulgarmente: que la carne se había despegado de los huesos, que era muy doloroso, y con el tiempo se le quitaría. Lo cierto es que el dolor no remitía sino que empeoraba, teniendo que ir hasta en tres ocasiones al servicio de urgencia del Hospital Universitario Virgen del Rocío, donde le vuelven a hacer radiografías en las tres ocasiones, dándole el alta inmediatamente, con explicaciones similares a las obtenidas de su médica.

Como ya llevaba seis meses de dolores insoportables, mis padres deciden gastarse su dinero y averiguar qué está pasando. Van a la Clínica Hospital Quirón (Sagrado Corazón de Sevilla) y encargan un estudio completo, en el que le hacen a mi madre resonancia, TAC, radiografías, ecografías, etc., resultando que tiene el coxis fracturado y un neurofibroma que se ha formado a la altura de la misma fractura. Evidentemente, mis padres han cursado la correspondiente hoja de reclamaciones contra el Servicio Andaluz de Salud, porque no hay derecho que una persona vaya repetidas veces a su médica, así como a los servicios de urgencia del hospital general de Sevilla, buscando un remedio a sus dolencias, y ni siquiera obtenga un correcto diagnóstico. Para conocer el diagnóstico mis padres han tenido que desembolsar 900 euros, que es lo que le ha cobrado el Hospital Quirón, por efectuar el estudio o chequeo integral.

El asunto del desafortunado servicio público de salud no queda ahí. Ayer comencé a hacer gestiones, una vez conocida la fecha de la consulta en la Clínica del dolor, para el próximo lunes, para que una ambulancia pudiera recoger a mi madre y trasladarla a dicho centro. Pues bien, el desconcierto y las trabas continuaron. Llamé en primer lugar a la Consejería de salud de la Junta de Andalucía, expuse el caso, y me indicaron que la solicitud de la ambulancia la debe hacer su médico de cabecera o el especialista que la derivó a la Clínica del dolor, cualquiera de los dos. Llamo en primer lugar a su ambulatorio para coger cita para la médica de mi madre, exponiéndole el caso, y me dice la chica de la recepción, que ese servicio no es posible, que la ambulancia no va a atenderlo, puesto que su médica no es la persona que la derivó a la Clínica del dolor. Insistí con lo que me había dicho la Consejería de Salud, y la señorita del ambulatorio decía que la ley actual no era así, que lo mejor es que hiciera las gestiones para que la solicitara el especialista que la derivó.

Llamo al centro Virgen de los Reyes, de la calle Marques de Paradas, hasta conseguir hablar con las enfermeras de la consulta de neurología, donde había sido atendida mi madre. Les comento el caso, y me dicen que tengo que pasarme por allí, en persona, que me entregarían la solicitud de ambulancia firmada por el neurólogo, para que la bajara al mostrador de recepción. Le pregunto si eso no lo pueden hacer ellas, que es en el mismo edificio, que es una gestión interna, y que me tengo que desplazar a la otra punta de Sevilla solo para bajar un papel de la 5ª ó 6ª planta a la baja; y la única respuesta que obtengo es que lo tengo que hacer yo, porque ellas no lo bajan. Pero bueno, ¿a dónde estamos llegando? ¡Ah, la consulta del neurólogo de 15h a 19h, con los cuarenta y tantos grados que tenemos en Sevilla! ¡De facilidades a los ciudadanos, nada de nada! Como siempre disparidad de criterios y argumentos, dependiendo con quien se contacte.

LOS RECORTES HAN HERIDO DE GRAVEDAD AL SAS

Últimamente, no sé que sucede con el Servicio Andaluz de Salud, que falla más que las consabidas escopetas de la feria. Lo cierto es que cuando caminas por las plantas de los hospitales solo ves a médicos y médicas que parecen latinos, es como si a los titulados nacionales se los hubiera tragado la tierra, y lo cierto es que a la vista de ciertos casos graves surgidos a mi alrededor, me da mucho que pensar. No les culpo directamente a esa plantilla joven y extranjera, pero se echa de menos la solera de la veteranía de la ciencia médica, que antes era tan habitual en cualquier ala de cualquier hospital.

Un vecino y amigo me avisa un día, incapaz de conducir su coche y dirigirse a su ambulatorio, para que hiciera el favor de llevarle al servicio de urgencias. Cuando llego a su casa, le veo medio asfixiado y muy nervioso. Le invito a que se calme un poco, pero a aquel hombre le faltaba el aire y estaba viviendo un momento terrible. Le llevé hasta tres veces, en tres momentos diferentes al servicio de urgencias de su ambulatorio. Los médicos que le veían, le inyectaban un corticoides y le sometían a un tratamiento de unos diez o quince minutos de oxigeno con algún broncodilator aplicado en la mascarilla. Cuando se agotaba el liquido aplicado, el sanitario le retiraba la mascarilla y le dejaba marchar a casa, no sin asfixiarse cada dos pasos, algo que me resultaba incomprensible. Le volvía a dejar en su casa, un poco mejor, muy poco, hasta que pasado dos o tres días me volvía a llamar, tal como dije antes hasta llevarle en tres ocasiones.

La tercera vez actuaron del mismo modo, pero cada vez que íbamos, mi amigo podía dar menos pasos seguidos, apenas se levantó, una vez finalizado el tratamiento, ya estaba asfixiado. Así que pasé a hablar con la médica, era mujer en esta ocasión, y le dije que lo que le estaba sucediendo a mi amigo no era normal, era imposible que tras el tratamiento mi amigo no pudiera moverse por la falta de aire, que era la tercera vez que veníamos al servicio de urgencias, y que esto no iba nada bien. La doctora me pidió que le dijera a mi amigo que pasara de nuevo a la consulta, ante la insistencia que le mostré comenzó a auscultarle detenidamente, y pudo cerciorarse de que un pulmón no estaba funcionando, no lo dudó e hizo un parte para que fuera atendido en el Hospital Universitario Virgen Macarena.

Nos desplazamos inmediatamente hacia el hospital, donde le atendieron, ante mi asombro, con bastante celeridad. Primero estuvo unas dos horas en observación y, al final, le pasaron a planta. Estuvo una semana y le diagnosticaron una bronquitis obstructiva y le mandaron a su casa con una máquina eléctrica que fabricaba oxigeno. Pasaba a verle por su casa cada mañana, pero lo cierto es que no mejoraba. Al cabo de unos días, cuando pasaba a visitarle, me dice que ha pasado una noche fatal, con muchos dolores, tanto en el pecho con en la zona abdominal y llamo al ambulatorio para que pase el médico de urgencias a verle. Lo cierto es que en una media hora una doctora estaba atendiéndole, quien no duda en volverle a remitir al hospital, pues mi amigo le indica que a los síntomas conocidos se unía lo que parecía una obstrucción intestinal.

Una vez en el hospital, como era la segunda vez que lo pisaba en el trascurso de dos semanas, comienzan a hacerles estudios más profundos y descubren que la bronquitis obstructiva era un tumor en los bronquios, y que el dolor abdominal era otro tumor en el estómago. Lo lamentable es que ya estuvo unos días antes ingresado durante una semana sin que le diagnosticaran correctamente, amén de las tres veces atendidos en los servicios de urgencias de su ambulatorio. Trágicamente, murió al octavo día de este segundo ingreso en el hospital, el mismo que le dio el alta la semana anterior. Esto viene a corroborar el sentir que tenemos algunas personas de que el Servicio público de salud andaluz está herido de gravedad.

PREOCUPADO POR LA SITUACIÓN DEL PAÍS

Como ciudadano español me preocupa la situación de este país, y esto me hace cuestionarme si España podría llegar a ser autosuficiente. El autosuficiente en el que estoy pensando, es que sea capaz de generar ingresos por encima de los gastos; de manera que no tenga que depender de dinero prestado, que lleva a endeudarse al país. Hasta el momento, han justificado un falso progreso económico, al menos para mi es falso, pues se han cargado la caja de las pensiones y la deuda pública ha crecido hasta rebasar el cien por cien del PIB.

Es gravísimo lo que ha ocurrido, se han suplido las carencias internas con la inversión externa, o sea, más deuda al morral. Además, tenemos a los jubilados que tiemblan de preocupación ante las voces que anuncian tener solo capacidad para pagar las pensiones durante los próximos dos años. ¿Qué expectativas tenemos los que vamos llegando a la edad de jubilarnos? En los últimos años el jubilado viene siendo una pieza central y económica en muchas familias, a la que se han agarrado a sus hombros algunos familiares, porque perdieron sus trabajos, están sin ingresos y la única tabla de salvación es la limitada pensión de sus mayores.

Es por ello que me cuestione si España podría llegar a ser autosuficiente con un plan de industrialización, ordenado y extensivo. Exportando más y comprando fuera menos. Recaudando más y gastando menos. En definitiva, regenerándose, tomando conciencia de su situación y tomando decisiones hacia delante. Más industrias, más investigación, mejor formación, mejor distribución de la riqueza, más contundencia contra los defraudadores, corruptos y corruptores. Ni se puede basar la economía del país en hacer polvo el futuro de nuestros mayores, ni en exprimir más a la gente que está en las últimas, económicamente hablando. Hay que hacer pagar a todos los ricachones al mismo nivel que lo hacen los demás, no más, pero tampoco en un porcentaje menor. Hay que cerrar las puertas de las maniobras financieras por las que se libran de pagar impuestos aquellos poderosos empresarios, hay que ilegalizarlas. Y hay que castigar ejemplarmente a todos los delincuentes monetarios.

Debemos ser capaces de pensar en una España diferente, basada no solo en crujirle a los ciudadanos o empobrecerles. Hay que recaudar, por supuesto, pero debemos hacerlo con la tranquilidad de que nuestro dinero será bien empleado en ofrecer a toda la ciudadanía los mejores servicios públicos. Sabiendo que mantenemos a una serie de señores que, realmente, están cada minuto de su tiempo laboral, mirando por lo que es de todos. Nos merecemos unos políticos honrados, honestos, que sepan tratar cada euro público al que puedan acceder con total transparencia, y empleándolo del mejor modo posible, mirando por él como si fuera un gasto personal. La gente no puede pasar por las

Instituciones sin importarle nada lo que allí suceda, tiene que contratar o gastar como si fuera dinero suyo, con el mismo rigor, exigiendo calidades, profesionalidad y, si es posible, también precio. Ese es el modo que todos empleamos cuando contratamos en nuestra vida privada, ¿por qué no lo hacen para desempeñar su función pública?

Sé que España puede reaccionar y cambiar, pero hace falta la renovación de las bandas mafiosas que se nos han instalado en las Instituciones.

LO SIENTO, SÁNCHEZ, NO TE CREO

Si vieron ustedes anoche a Pedro Sánchez en el programa Sexta Noche, se darían cuenta de que las preguntas que le hicieron las familias allí representadas, fueron contestadas, invariablemente, desmereciendo al PP o a PODEMOS; en ningún caso, el contenido de las repuestas era resaltar las probables cosas buenas realizadas por el PSOE, sino que más bien hacía hincapié en lo que él interpretaba como menos acertado de esos partidos.

¡La elegancia se ha perdido!, no importa cuanto se trate de ensuciar o machacar al oponente como único sistema de quedar por encima o en mejor lugar. Es patético el punto al que han llegado nuestros políticos, que hacen uso de este arte tan lamentable y descalificador, que de tanto usarlo termina descalificándolo, también a él. No tienen capacidad de hablar de su programa, de lo que van a hacer y de cómo lo van a conseguir. Les es más fácil y, supongo, ellos creerán les es más rentable el insulto; pero la realidad es que las personas de bien estamos hartas de un estribillo tan repetitivo y mal sonante, de una defensa tan "bajuna", de tanta pobreza intelectual y de que tomen por tonta a la ciudadanía.

Si este tipo solo puede dar lo que mostró, no me interesa para nada. Alguien le llegó a preguntar que por qué no había habido una Presidenta del Gobierno de España, que hasta cuándo tendríamos que esperar. La respuesta la trató de basar en la paridad de sus listas, en primer lugar. Después, prosiguió diciendo que podría ser tras su mandato de estos próximos cuatro años. En ningún momento, se le ocurrió decir que si gana el PSOE, podría ser que cediera el puesto de honor a una mujer de su partido. Él también quiere el sillón contra viento y marea, ¡no nos engañemos!

Él si mintió, al menos hasta donde yo he podido leer, cuando dijo que no sabía de ningún expresidente que estuviera cobrando sueldo vitalicio. Si se va a medios de comunicación serios podrá informarse, pero él lo sabe, solo que la persona trabajadora autónoma que le estaba interpelando, le hacía ver el agravio comparativo que existía entre los salarios actuales de los trabajadores de este país y el de los políticos. Él sabe que Felipe

González, Aznar y Zapatero no renunciaron a tales ingresos vitalicios y, que por tanto, los reciben del erario público, a pesar de estar en diferentes puestos de consejos de administración de empresas privadas, al menos dos de ellos.

Nos mintió, pero eso es algo que suelen hacer frecuentemente los políticos españoles, por tanto, es algo que le sale a este y a los demás, como bastante natural. Si nos miente antes de ir a votar que nos debe mimar para que le concedamos nuestro voto y le alcemos a lo alto de la tabla; ya podemos imaginarnos si llegara, ante la presión de los que tienen los dineros, lo que será capaz de decirnos y hacernos. Prefiero ver venir los miuras de frente, que envueltos en tantas falsas carcajadas, que fueron muchas las que tuvo que soltar y muy forzadas, así como muchas sonrisas falsas. No me fio, lo siento, pero no puedo decir otra cosa y me debo quedar tan pancho como él cuando dijo que cobraba cuatro mil euros netos al mes. Los obreros tienen que aceptar las ridículas condiciones laborales que ellos han consentido, por la obra y gracia de las reformas laborales tanto del PSOE como del PP, y encima nos pide el voto; ¡esto es de risa! ¿No os parece?

CRUELDAD HACIA LOS ANIMALES

Salgo esta mañana y encuentro a una pastora alemana adulta pero no muy mayor, cariñosa y con buena planta, que comienza a seguirme como si fuera su dueño. Los perros aparecen por la urbanización, de cuando en cuando, como por arte de magia, pero claro, hablando con una vecina con la que coincidí, me refiere que el día anterior vio un coche negro pequeño en dirección hacia la salida de la urbanización, al que seguía la perra corriendo. Seguramente, algún desaprensivo la apeó del coche y se diría para sí: "como hay muchos chalets con parcelas, seguro que alguien se la queda", ¿y si no es así, qué?, ¿qué le espera al animal? Lo que ha hecho esa persona es crear un malestar a personas que nos gustan los animales, que sufrimos al ver casos como este, y que nos echamos a la vecindad encima en cuanto le pongamos comida y agua (un mínimo gesto humano que la sociedad castiga y reprende).

No entiendo esas leyes que multan las acciones compasivas y de ayudas a los animales que se encuentran perdidos o abandonados. Algunos entendemos que todos los seres vivos somos uno en el fondo, solo la energía de vida que nos une con todos, y sentimos que es una crueldad volverlos a abandonar y no atenderles, tras haber sido abandonados por sus dueños.

Pero es que la ley tiene anormalidades como la que persigue a los indigentes, que no teniendo recursos de ningún tipo, optan por rebuscar en los contenedores para conseguir restos de comida. ¿Cómo es posible que sus señorías, gorditos, bien alimentados y sin necesidades no resueltas, se sienten un buen día para acordar que a esas personas pobres hay que multarlas con 700 euros? Si no tienen ni para comer, ¡pedazos de ignorantes!, ¿cómo van a poder hacer frente a la sanción? Con esas actitudes políticas, ustedes mismos evidencian vuestra falta de sensibilidad y amor por el prójimo y demás seres vivos, ¡habéis errado la profesión!

Ahora la moda es mostrar falsa compasión por los animales y comienzan a prohibir el maltrato animal en las fiestas de los pueblos. Lo veo bien, porque no hay que castigar a los animales para que proporcione diversión a la gente, por mucha tradición que tenga dicha festividad en esa determinada localidad. Pero digo que es falsa compasión, pues es plena incoherencia, prohíben las fiestas que giren alrededor del castigo hacia los animales, pero no se atreven con corregir, que no digo prohibir, lo que se pueda y no se pueda hacer a un toro en una plaza, ¡con la iglesia hemos topado! Se puede regular el espectáculo del toreo para que solo se pueda torear, pero no hacerle ningún daño al animal. Que ni se le ponga divisa, ni se le pique, ni se le coloquen banderillas y, por supuesto, no se le pueda matar; sino que una vez finalizada la faena del diestro, que sea devuelto al campo, a la libertad y a la vida.

En todo esto de la protección animal se están aplicando dos o tres varas de medir diferentes, como acabamos de leer, a unos toros se les protege y a otros que Dios los bendiga; al resto de los animales se les puede quitar la vida. No es cierto que tengamos que consumir carne para alimentarnos, hay otras proteínas provenientes de frutos secos y otros alimentos para los que no hace falta el sacrificio de seres vivos, a los que los humanos le truncan la vida por "un derecho divino adquirido o concedido a sí mismos".

¡PAREN EL TIOVIVO!

Me pregunto: ¿Qué ocurriría si los políticos fueran gentes avanzadas?, ¿qué quiero decir con que sean gentes avanzadas? – Me refiero a personas que hubieran cultivado su mundo interior en el camino de la realización, tal como entendemos espiritualmente; personas, por tanto, con un nivel de conciencia mayor y valores humanos demostrables en cada uno de sus actos.

En primer lugar no accederían a pertenecer al club elitista de la prepotencia y el engaño. No cabría la corrupción ni el descuido con el que se tratan los bienes comunes. No existiría el sometimiento oculto y pactado que hay entre políticos y fuerzas del poder, principalmente representantes del capital monetario. No se legislaría en contra de la ciudadanía ni se obraría en contra de esta, sabiendo que se hace el mal para la gente; o sea, no prevaricarían. Los corruptores, apenas lanzaran los ganchos, serían denunciados ante la ciudadanía.

Los seres avanzados son de aquí, pero en sus convicciones y forma de actuar, muchos dirían que son de otro mundo. La gente avanzada, en el sentido que trato de resaltar, no tiene apego a nada, incluidos los bienes materiales, que tanto gustan a los políticos actuales. Comprendo que estoy esbozando una ruptura con el sistema de maleantes, que entre ellos se han fabricado para hacer prevalecer todo aquello que beneficie a los señores del poder monetario, todos esos que están dirigiendo a los que dan la cara en los medios, pero que solo son mercenarios a su servicio.

El sistema político y democrático actual es una gran piscina de purines, es pestilente y nauseabundo, al igual que toda esa balsa de desechos orgánicos. La ciudadanía no está contenta sino engañada por la fuerza de la palabra amplificada por los medios de comunicación. Me refiero a la palabrería, mejor dicho, verborrea vacía, emitida por los dirigentes y portavoces de casi todos los partidos políticos, vendidos y secuestrados por el poder al que me referí anteriormente.

Los falsos que tratan de representarnos sin alcanzarlo, no pueden más que construir algo que esté a su baja altura moral. Solo gente, que hayan dado un pasito en el camino interior, es capaz de mostrar sentimientos verdaderos, valores humanos y amor por el prójimo. Solo a este tipo de personas les importan los demás, por lo que se hace imposible alimentar un sistema falso, mentiroso y corrupto. Los que se pelean en la alberca de purines, solo se parecen a los cerdos revolcándose en el suelo encharcado de la pocilga. La ciudadanía no se merece ser tratada así ni ser robada o saqueada, tampoco castigada o presionada por estos indecentes. Esa gente loca, solo, puede hacer leyes que estén a su nivel y, por tanto, nada sensatas ni justas. Esa gente no puede seguir atribuyéndose el poder de hacer leyes, porque no están a la altura y suelen estar bastante tiempo fuera de la ley, como los investigadores y periodistas nos han ido mostrando en los últimos tiempos. Esas gentes llevan varias décadas haciéndole un corralito a la población española, nos tienen secuestrado el poder que nos pertenece y han invertido las condiciones sociales y legislativas. Si estas son las reglas del juego, que dicen "nos hemos dado"; supongo que cuando pronuncian esto se están refiriendo a la mafia que constituyen casi todos los políticos junto con los amos del dinero, ¡paren, que yo me bajo!

EL DEBATE A CUATRO

Ya pudimos ver ayer por la noche el debate a cuatro, ¿y qué?, tanto bombo y platillo para un corre pasillos, en el que los cuatro líderes de los partidos políticos tuvieron que hablar de prisa y corriendo. Abordaron varios bloques, sobre los que poco se podía hablar porque se terminaba el tiempo, y todos querían hacer valer su partido mientras desmerecían al de los otros. Tantos preparativos y tanto gasto, incluido tres moderadores, para algo que decía tan poco, que era pobre en contenidos. No sé si servirá o ayudará a los indecisos a declinar el color de sus votos, o les creará mayor confusión.

Esto es ridículo, es hacer un debate por hacerlo y por conseguir un pico de audiencia, pero para nada más es útil. Si se quiere proporcionar una ayuda a las personas que todavía no saben a que partido van a dar sus votos, hay que hacer algo serio, debates de fondo sobre contenido de programas. Seguimos echando de menos las formulas que se supone tienen los partidos para conseguir más empleo, más cotizaciones a la Seguridad Social, o cómo van a acabar con la corrupción y los abusos, vengan de donde vengan. Ninguno de los intervinientes ofreció una exposición didáctica y entendible, aunque el que más cerca estuvo de conseguirlo fue Albert Rivera. Creo que fue el que más eficazmente aprovechó sus intervenciones, pero con un exceso de descalificaciones hacia el PP y PODEMOS.

Fue un todos contra Rajoy, y un todos contra Iglesias, principalmente el debate tenía esas directrices; o sea, más de lo que ya solemos escucharles a todos ellos y casi nada nuevo, interesante, sorprendente o estratégico. Es por eso que no puede ayudar a nadie a salir del posible bloqueo electoral. Ha resultado una pantomima teatral, cada personaje con su papel, a veces aprendido a medias y sin tiempo para hacer exposiciones amplias y con contenido. Yo estaría más de acuerdo con que los líderes de los diferentes partidos políticos tuvieran que hacer su campaña en televisión, cada día entre las 20h y las 22h. Abordando cada tema de interés para la ciudadanía con tranquilidad, atendiendo menos las manillas del reloj y, mucho más, lo que interesa conocer de cada programa.

Rajoy trata de seguir viviendo de la falsa recuperación económica, que se ha fundido la caja de las pensiones, que ha duplicado la deuda pública y creado un escenario dantesco de precariedad laboral al que llama: crear empleo.

Sánchez vive de la renta de haber sido un partido que ha puesto en marcha muchas leyes de ámbito social, de culpar a Rajoy y a Iglesias de no estar ya sentado en el sillón presidencial, y olvida cuando hace promesas, que ya han gobernado muchos años y siempre han olvidado modificar las leyes a favor de la ciudadanía y en contra de los defraudadores.

Rivera ataca continuamente a Rajoy y a Iglesias por que le sigue interesando que el pacto con los socialistas se vuelva a renovar en la nueva investidura. Es, quizás, el que más detalles de su programa mostró a los ojos de los televidentes, no sin apoyarse en cantidad de fotocopias que tenía en su atril, dispuestas para hacer más efectivo su ataque a los extremos.

Iglesias, no dijo nada que no se le hubiera oído con anterioridad, no me gustó, esperaba algo más brillante, pero no supo aprovechar sus intervenciones más que para brindar su mano a Sánchez.

Este formato televisivo en el que no hay tiempo para desarrollar ningún tema, evidentemente, poco aporta además del morbo de los enfrentamientos, que tal vez sea lo que persigan las emisiones poco ambiciosas. Seguramente, alguien en un grupo de amigos, en petit comité, diría: ¡Vaya cagada!

DEFENDIENDO LO NUESTRO

Principalmente, cuando pienso en una España autosuficiente, siempre pienso en nuestro país sin que tenga que ser subvencionado por los grupos inversores, se llamen como se llamen. Pienso en un país industrializado, capaz de ofrecer empleo a todos los habitantes que se encuentren en edad y en condiciones para trabajar. Cuando pienso en una España autosuficiente, es inevitable que se me venga a la cabeza la idea de un país modelo, eficaz en la inversión del dinero que recauda, que tenga un sistema educativo bien estructurado y que marche a la par de las demandas laborales. También es mi plan de una España autosuficiente, un país que apueste por la investigación y las tecnologías, de tal forma que se convierta en punta de flecha de los avances mundiales en todos los campos. Este es el país que los españoles nos merecemos, que recaude porque todos trabajamos, todos producimos, todos pagamos con gusto para seguir teniendo los mejores servicios públicos, y porque nuestros gestores políticos atienden fielmente y honestamente las necesidades de la sociedad.

Hay mucho por hacer cuando un país ha crecido irregularmente, a trompicones, dando algunos pasos adelante y otros hacia atrás o, cuando las cosas se han desarrollado como han podido ante los intereses cruzados de aquellos que han visto un negocio en todo lo público, desmembrándose o dividiéndose parte de la gestión, yendo a parar a manos de multinacionales, amigos o grupos inversores, a los que solo les han importado los beneficios y no el bienestar de la gente.

Yo quiero una España autosuficiente que no solo nos consideren números de NIF o meros contribuyentes de las oficinas del OPAEF, o de Hacienda "no somos todos". Yo quiero una organización de país preocupada por encontrar las mejores soluciones a cada uno de los problemas que se le plantee a la ciudadanía. Pero que sea una España que no siga viviendo de los créditos europeos, porque esto nos hace deudores de algún órgano, que tarde o temprano, reclamará su compensación monetaria, posiblemente, interviniendo en nuestras normas de vida, en nuestras leyes e imponiendo sus condiciones, que siempre serán las que mejor satisfagan los negocios y la rentabilidad sobre el dinero que prestaron.

Ser autosuficiente como país no quiere decir que rompa lazos con el resto del mundo, no hablo de eso. Hay una globalización que nos envuelve a todos, que hace posible las relaciones comerciales con el resto del mundo, pero yo apoyo una España que produzca más, y ustedes dirán que nunca podremos competir con el mercado asiático, por ejemplo, y quizás sea verdad si no se atiende a la calidad y solo al precio; pero no hay que tener miedo a producir más cuando lo que se pretende principalmente es autoabastecerse y servir productos de calidad al resto del mundo. Esto ha de ir acompañado de una campaña de sensibilización y concienciación de los españoles, para que consuman nuestros productos principalmente, pues ello nos asegura nuestros puestos de trabajo. Por eso no podemos basar nuestra competitividad en el trabajo basura, porque la gente no tiene dinero para adquirir lo que es mejor sino lo que es más barato; ahí entra en juego el consumo de los productos de baja calidad que nos ofrecen en bazares chinos.

Los trabajadores españoles han de estar bien pagados para que puedan consumir artículos españoles de calidad, fabricados por empresas españolas ubicadas en el territorio nacional, que empleen a españoles. Debemos ir a esto si queremos seguir teniendo empleo el día de mañana.

A LOS DEL BIPARTIDISMO LES GUSTAN LOS EXPERIMENTOS

Ayer, Jordi Sevilla, coordinador económico del partido socialista, tuvo una ocurrencia: que se le permita hacer gobierno a la formación que logre más apoyos, que previsiblemente serán ellos. Jordi se ha debido imaginar, según vaticinan las encuestas, que si pactan de nuevo con CIUDADANOS, serán los que consigan más apoyos y, por tanto, se aseguran el Gobierno, los sillones, al fin y al cabo por lo que están luchando todos, aunque siempre culpen de tal aspiración al Sr. Iglesias.

Podría ser esta una solución de desbloqueo a lo que seguramente volverá a ocurrir después del 26 J, pero lo que no está tan bien es que los políticos puedan cambiar el contenido de las leyes como se les antoje. Las leyes son para todos y hay que cumplirlas, que para eso ya han gobernado los del bipartidismo muchos años en los que la actual ley electoral les ha favorecido, y sigue haciéndolo, por lo que nunca se les ocurrió modificarla.

Ahora, detectan algo que se puede mejorar solo a su favor y lo reclaman saltándose la ley. Los que deben dar ejemplo a la ciudadanía del cumplimiento de la ley, no tienen reparo alguno en esquivarla como mejor les beneficia, ¿qué sucedería si los ciudadanos ejerciéramos igual desobediencia civil? ¿Solo es válida cuando la proponen los políticos? Una vez más, actúan o pretenden hacerlo como si fueran los amos y señores del cortijo.

Todo lo que vienen haciendo tanto PP como PSOE es zancadillear la marcha ascendente de UNIDOS PODEMOS, porque es de esperar que si se cumple lo que dicen las encuestas, UNIDOS PODEMOS podría pactar y alcanzar los ciento setenta y seis diputados necesarios para formar Gobierno, o sea, conseguir la mayoría de los diputados. Parece que en intención de votos, está muy próximo a alcanzarlo y esto hace que los demonios recorran los cuerpos de la gente de derecha y de los socialistas (actuales del centro con tendencia hacia la derecha). Este es todo el problema que están viviendo los del bipartidismo, que por primera vez en cuarenta años se verían obligados a ceder ante una formación nueva que ha sido apoyada masivamente por los españoles. Ven como las voces del miedo que han venido lanzando a través de todos los medios de comunicación, para convencer de lo malo que son los chicos universitarios de PODEMOS, no han arrojado los resultados pretendidos por la derecha y los que fueron antes de izquierda, ahora reconvertidos al centro derecha, señoritos como aquellos.

Los españoles trabajadores y con sentido común, sensatos, etc., no queremos otros cuatro años de ordeno y mando (decretazos van y vienen), ni de austeridad (recortes en sanidad, en educación, dependencia, etc.) Tampoco pretendemos seguir parados o tener que soportar el humillante panorama laboral que comenzó a crear el PSOE y ha terminado de germinar con el PP. Y, por último, no queremos que se reúnan a escondidas y a espaldas de la ciudadanía para firmar compromisos que nos afecten, como el Art. 135 de la Constitución, o la promesa hecha por Rajoy a la UE, por carta, de seguir recortando el año que viene si siguen en el poder. No queremos más gánsteres de la corrupción ni más saqueos, y estamos hartos de tantas mentiras: ¿Cómo vamos tan bien económicamente si el PP se ha fundido la caja de las pensiones y ha duplicado el endeudamiento de España?

LO QUE NOS PONEN POR DELANTE ES MENTIRA

Cada día oigo más voces que hablan de conspiración, de un programa totalmente calculado para el manejo y la manipulación de las sociedades. Gente de poder que está llevando un plan para condicionar las leyes mundiales y las particulares de los países y, así, conseguir que sus propósitos se hagan realidad. Persiguen el poder, el poder es dinero y viceversa, por tanto, hay una estructura que comienza por poner a gente de los suyos en los lugares destacados en Gobiernos y bancos, principalmente para regular y canalizar todo lo que tenga que ver con la economía.

La ciudadanía debe informarse y abrir los ojos, despertar para salir del secuestro que sufre. Estar atenta para no convertirse en el eco de las intenciones de esas capas oscuras, de esas mentes perversas e inhumanas. Esa gente lleva algunos cientos de años posicionándose en diferentes partes del mundo para sentir que poseen el poder mundial. Ese es su gran sueño, que van consiguiendo endeudando a los pueblos y prometiendo soluciones que pasan por hacernos más y más dependientes de su sistema.

En Internet, afortunadamente, hay mucha información al respecto de gente que ha levantado la voz contra esta traición al ser humano en su conjunto. Estos falsos inversores en bienestar público, tienen sus propios voceros del miedo, haciéndonos creer que ellos son imprescindibles, que sus dineros nos hacen falta para seguir viviendo, que sin ellos el país se quiebra, y que para vivir mejor debemos trabajar en condiciones deplorables, con jornadas más dilatadas y con salarios más ridículos. Esos mismos son los que juegan con la economía, como si de una partida de algún juego de sobremesa se tratara; porque se aseguran de que las leyes de los países, impuestas por ellos, van a hacernos responsables de los agujeros que ellos provoquen. ¡Ellos siempre ganan! Muchos de ellos los hemos tenido en el

Gobierno en esta última legislatura, ¿por qué ha habido tanta corrupción, tantos corruptores, y tanta impunidad?

Ahora con los catalanes se han llevado muchos partidos las manos a la cabeza: ¡oh!... quieren vender España, la quieren trocear. Pero esos mismos partidos han vendido, troceado y desmantelado España, ante su ambición y obediencia a los de la zona oscura; como hizo Felipe González cuando puso todo su empeño y fuerzas para meternos en la Comunidad Europea. Ese paso "tan maravilloso" nos exigió desmantelar gran parte de nuestra industria, y fijar unos topes de producción tanto agrícola, ganadera, pesquera, etc., ¿eso es velar por los intereses de la ciudadanía?, yo creo que no. Sencillamente, se arrodilló ante las imposiciones que el grueso del oscurantismo monetario le impuso, para que se hiciera bueno lo de siempre: el norte rico y el sur pobre. Así el rico tiene mano de obra barata en el sur, gente que no está industrializada, estando obligada a consumir los productos de las fábricas del norte. En cuanto salió el primer político de la transición, llegaron los de la zona oscura a imponerle las reglas del juego si quería aparentar ser el Presidente de España. A pesar de todo, como estaba respaldado por los del poder monetario, no importaron las repercusiones sobre los españoles cuando se mermaban las capacidades productivas del país, y Felipe González ha pasado a la historia como un buen dirigente; aunque cuando dejó la política activa, y como ya le habían enseñado el camino, la lucha social quedó olvidada para dedicarse a los negocios millonarios, codeándose con ricos y aceptando sillones de altura.

LOS QUE NO SE ENTERAN DE NADA

Comprendo que lo que han hecho algunos, difundiendo la grabación entre el Ministro de Interior y el jefe de la oficina anticorrupción de la Generalitat catalana, tiene una clara intención de influencia sobre la decisión del voto de los ciudadanos, pero es que el hecho es que el Ministro se reúne con el principal de la oficina anticorrupción para saber si se le puede imputar o descalificar a ciertos políticos adversarios del partido al que pertenece el Ministro. Y el ministro no puede, ni debe, hacer uso de su puesto en la Institución pública para hacer caer a los ideológicamente contrarios a las directrices de su partido.

¿Es grave que le hayan grabado la conversación en el interior de su despacho? – Evidentemente, lo es. Como lo fue la grabación realizada en un restaurante a la Sra. Alicia Gómez Camacho y a la ex novia del hijo de Pujol. Como lo fue cuando en Madrid mandaron espiar a ciertos políticos. Lo que pone de manifiesto que muchas organizaciones "legítimas y democráticas", se comportan como auténticas mafias, a las que solo les falta mandar al sicario con la metralleta de tambor.

Este Ministro de Interior es aficionado a los trabajitos sucios, todos pudimos saber, cuando se supo, porque todo lo lleva en secreto aunque trata de defenderse diciendo que lo hace en su despacho y no en un local privado, de la reunión con el Sr. Rato cuando este estaba entre la espada y la pared por la cantidad de operaciones fraudulentas realizadas: la salida de Bankia a bolsa con su contabilidad falseada, el engaño a los accionistas, los cientos de miles de euros gastados con la tarjeta black, el rapto de los ahorros a los preferentistas, los millones no declarados dando vueltas de empresa pantalla a paraísos fiscales, y vuelta a otras empresas pantallas, para terminar blanqueado en sus cuentas, o la acogida a la vergonzosa amnistía fiscal del PP.

¿Quién se salva de los viejos del PP? ¡Por Dios!, si están todos salpicados de corrupción en diferentes grados de culpabilidad. ¡Es bochornoso!, cada día tengo más claro que al PP le deberían prohibir seguir llamándose Partido Popular, o presentarse a nuevas elecciones mientras los corruptos aniden dentro. Es un partido que necesita una regeneración interna y urgente, pero cada vez que saltan a los medios casos como los citados, los aparentemente honestos o limpios del partido, se dan patadas en el culo para defender a los que actúan de ese modo; tenemos que pensar que no merece la pena, que hay que hacer borrón y cuenta nueva. Se debe tomar la matricula a todos los participantes actuales y que se dediquen a otro tema, pero que no vuelvan a poner un pie dentro de la Administración pública, más que para solucionar cualquier trámite burocrático como cualquier otro ciudadano normal.

Rajoy dice desconocer lo ocurrido, cuando el Ministro en la grabación dice que el Presidente está al tanto de esa reunión, ¿quién está mintiendo?, cada vez que se le ve las orejas a los que vienen a pedir responsabilidades políticas, la defensa es la misma: "yo no sé nada, no me acuerdo de nada, yo no he visto nada". Ya creo que es hora de decirle a algunos que si están en lo más alto y no controlan nada o no se enteran de nada, es posible que no estén lo suficientemente preparados para ocupar depende qué cargos; a pesar de que aprobaran, más bien, le regalaran no sé qué oposición en su juventud.

LOS PUEBLOS DECIDEN

Hoy Reino Unido acomete, una vez más, el ejercicio democrático de permitir a la gente británica decidir sobre su futuro en la Unión europea. Es un ejercicio, el más democrático posible que se puede llevar a cabo cuando se vive en una democracia plena y moderna, y en la que no imperan los réditos del miedo. Se cree oportuno votar sobre cierto tema y se realizan las votaciones, como un pueblo maduro y adulto que cree que la ciudadanía ha de manifestarse sobre los asuntos que les compete. Esto tan sencillo y noble, es un imposible en España porque algunos se empeñan en mantener secuestrada la soberanía del pueblo. La Constitución española que ha de estar oxidada, según algunos, no es motivo de un mantenimiento y actualización adecuados a los tiempos y los problemas que se suscitan.

Reino Unido va a celebrar en el día de hoy el referéndum sobre su posible salida de la UE, y no he oído a los demás estados miembros pronunciarse en el sentido de vetar el referéndum o de querer decidir por sentirse afectados. Sin embargo, cuando se habla de dar el mismo derecho al pueblo catalán, se levantan las voces de esos mismos políticos, porque creen que si se llevara a cabo el referéndum tendríamos que manifestarnos todos los españoles. Lo de los catalanes lo tengo clarísimo, son ellos los que deciden querer irse de España, pues que decidan ellos, y si llegara el caso, habría que ajustar cuentas que tendrían que saldar antes de distanciarse. Somos adultos, y es hora de que los poderes suelten, liberen a las personas de la esclavitud psicológica que los sistemas institucionales imponen. Vamos a dejarnos de romanticismos: "romper España", España es solo tierra, un trozo de ella, y la sociedad española son sus gentes, pero no debemos tener apresados nuestros proyectos, así que cada conjunto social que decida cómo quiere vivir, pues al fin y al cabo, es la vida de la gente, ¡Dejemos que cada uno la viva como desee!

Volviendo al Brexit, como es lógico encontramos a los defensores y a los detractores. Unos defienden salir y los otros permanecer en la UE. Los argumentos de los que desean irse son:

- No quieren leyes europeas que tengan el control sobre las votadas democráticamente, o sea, no quieren sentir que pierden soberanía.

- No quieren que la UE tenga el control sobre las políticas comerciales.

- Quieren poder gestionar sus fronteras.

- Creen que aportan más dineros que muchos otros, y que hay diferencias entre los estados miembros.

- No quieren dar a los inmigrantes, en los primeros años, las mismas condiciones y prestaciones públicas que al resto de la población.

Los argumentos de los que defienden permanecer en la UE son:

- Gran Bretaña es más fuerte en Europa.

- Cortar con Europa puede tener consecuencias devastadoras para la economía del país.

- Beneficios y ventajas para que los bancos operen en otros países de la UE, gozando de los acuerdos europeos.

He visto muy floja la argumentación de los que pretenden quedarse, solo razonamientos que inducen miedo a la población, y mucho de empuje por detrás de los sistemas financieros y grupos de inversión. Bancos americanos instalados en Reino Unido para hacer negocio, valiéndose de estar en suelo europeo, esto es casi lo único que les importa.

Una UE con un trato desigual, sin unas políticas comunes, etc., es una organización que permite privilegios a unos y a otros, conforme a sus intereses o a las presiones que ejerzan. O vamos a una Europa con un Gobierno único para todos los europeos, y con las mismas medidas en todos los ámbitos sociales, equiparándonos a los mejores estándares, si queremos ser punteros, o Europa tiene un recorrido muy corto en el tiempo.

REINO UNIDO DECIDE BREXIT

A esta hora tan temprana ya es una realidad, con el escrutinio casi terminado, Reino Unido se marcha de la UE. Comienzan los primeros movimientos de descenso del valor de la libra, como primera amenaza del poder monetario, pero ya veremos si la sangre llega al río. Seguro que Reino Unido tendrá mecanismos a su alcance para que no sea este paso una debacle, estoy convencido de ello.

Algunos culpan a Cameron por los medios de comunicación de haber permitido un referéndum en Reino Unido. Siempre hablan los menos demócratas, los totalitaristas, pues de otro modo no se entiende, ¿tan difícil se hace comprender que son los pueblos los que han de decidir sus destinos, y no los hombres de negro? Ya estamos hartos de la manipulación bestial que soportamos todos los habitantes del mundo, con los dictados de los que ponen los dineros. Son los zánganos componentes de los Gobiernos, acostumbrados a vivir del cuento, de las subvenciones, de los impuestos, de los créditos, de las comisiones y de las malversaciones de dineros públicos, los que se venden a esos poderes ocultos, adaptando las leyes a la conveniencia de los mismos en detrimento del bienestar de los ciudadanos, del progreso de la sociedad y de la autosuficiencia de los países. Por eso necesitan estar soportados, económicamente hablando, por los inversores externos; siendo los Gobiernos los que hacen que esos inversores sean imprescindibles en la marcha del día a día.

Reino Unido tiene personalidad propia y ha sido honesto consigo mismo, no soporta que su soberanía esté secuestrada por las leyes de la UE, cree que aporta a la Unión más de lo que recibe, entiende que no es imprescindible estar dentro y ha decidido salir de la UE, ha votado mayoritariamente por el Brexit. Se abre un tiempo apasionante de lucha de los personajes oscuros del poder monetario, que intentarán hacerles la vida menos bella a los británicos, pero Reino Unido es una nación potente que no se dejará amedrentar, que es como los señores de negro, omnipresentes en todo el mundo, hacen sentirse a los países donde tienen intereses económicos. Es por todo ello, que se abre un tiempo de un interés singular, no solo en lo económico, que también, sino en lo social, político, en la reacción de las Instituciones británicas frente a toda esa ofensiva que seguro va a pretender la mafia del dinero.

El dinero no es malo, pero cómo hace uso algún sector de la mafia oculta, sí. Hay un grupo de poder que lo antepone a las personas, a los derechos de una vida digna, al reparto equitativo y justo de la riqueza, a la no explotación de los seres humanos, a la muerte de la gente, a las enfermedades, a la pobreza, al hambre, a la contaminación y a las guerras. Esa gente que actúa así, es escoria maligna, ponen el pie en el suelo cada mañana con un plan de rentabilidad independiente del daño que puedan producir. Su objetivo es volver a ganar dinero, en cantidades ingentes si es posible, a cualquier precio. Tened en cuenta que hablamos de la mafia, de los traficantes de armas, de los narcotraficantes, de los que arruinan la vida de las personas o mata gente por el poder y por los beneficios crematísticos, aunque se apelliden ilustremente.

Me gusta que la gente reaccione contra el sistema que le oprime. Me gusta que luchemos por sentirnos libres y felices. Me gusta que a esa gente malvada no les salga el negocio sucio que se traen entre manos y, sobre todo, me gusta que el poder lo tenga la gente llana del pueblo, que es como debe ser. Reino Unido ha sido un ejemplo de ello y de democracia, sin miedo a que su gente decida.

PARA REFLEXIONAR

Como estamos en el día de reflexión, esto es lo que toca, hacer reflexión para ir mañana a votar. Lo que han dejado claro tanto la gente del PP, como la del PSOE y los de CIUDADANOS, es que los de PODEMOS son los culpables de todo lo que ocurre, o pueda ocurrir en el país: son radicales, bolchevitas, castristas, quieren implantar las políticas que han llevado a Venezuela a no tener papel higiénico en los supermercados, serán los culpables de que vuelva una nueva crisis económica, hundieron el Titanic, se aliaron para el atentado de las torres gemelas de Manhattan, fundaron Isis, son terroristas, seguramente fueron los que le prendieron fuego a los neumáticos de Seseña (el vertedero ilegal que los del PP y los del PSOE mantuvieron), inventaron lo de las tarjetas Black, se asociaron con Bárcenas para llevarse los cuarenta y tantos millones de euros a suiza. Se reunieron con el Ministro de Interior para reventar el sistema, ¡ah!... fueron los que pusieron los micrófonos en su despacho. Contrataron al chico aquel que le dio la ostia a Rajoy en Pontevedra. Organizaron la trama de corrupción del PP a espaldas de Rajoy, porque supieron que este no se enteraría de nada. Mediaron en la contratación de las reformas de las sedes del PP, para que se pagaran con dinero negro. Trataron de comprar al Tribunal que tenía que juzgar el caso Nòos, además de a Manos Limpias y de convencer al fiscal Horrach para que hiciera de abogado defensor.

La cosa no queda ahí y como la gente de PODEMOS son un demonio, siguieron haciendo de las suyas: programaron las mentes de los catalanes para que estos quisieran independizarse. Organizaron los Eres falsos de Andalucía y la trama de los cursos de formación. Hicieron que lloviera en exceso en Abril y se produjeran graves inundaciones en diversas ciudades españolas. Guardaron el maletín con un millón de euros en el altillo del ropero de los suegros de Granados, haciéndose pasar por montadores de muebles Ikea. También crearon la trama Marjaliza, Granados, Correa, el Bigotes y el albondiguilla. Trajeron al Papa para apoderarse de unos pocos de millones de euros, igual hicieron con la formula 1 en Valencia..., bueno, en Valencia la montaron parda... se llevaron toda la pasta de las Instituciones con la ayuda de sus amigos: Rita, Camps y Fabra, un tío al que le tocaba cada año varias veces la lotería sin que anticorrupción se diera cuenta de que andaba blanqueando dinero. Y ya que he nombrado a Fabra, es obligado decir que los de PODEMOS han despilfarrado el dinero público cuando hicieron el aeropuerto de Castellón. Es precioso, pero no tiene aviones... es el aeropuerto del abuelo.

Si recuerdan ustedes, hubo unas declaraciones de la familia Pujol diciendo que se habían llevado treinta y cuatro años estafando a la Hacienda Pública, pues ya sabemos que la herencia que no han podido justificar, era dinero de los de PODEMOS. Sin olvidar al podemita que infiltraron en las Instituciones para que hiciera una labor de investigación y espionaje: el pequeño Nicolás. Deben ustedes saber que los de PODEMOS son los verdaderos responsables de haberse cargado la caja de pensiones, o de haberles subido un 0,25% a las mismas. También son responsables de haber duplicado la deuda pública de España, pero para no alarmar a nadie contrataron a uno que se enreda cuando habla, pero para dar la cara por el plasma se la aviado bien, se llama Rajoy y sale para decir que España crece por encima de cualquier otro país de la UE, y la ciudadanía se lo cree…, bueno, antes contrataron a otro que solía decir: "España va bien", mientras se aprovechaba para crear la burbuja inmobiliaria, que los de PODEMOS habían programado.

Como habrán podido ver los de PODEMOS son los responsables de todo el mal que ha sucedido en este país y en otras zonas del mundo, tengan mucho cuidado de no votarles porque quieren poner fin a toda la mierda que les he relatado, y muchos de nosotros ya nos hemos acostumbrados a que los telediarios abran sus emisiones con los casos de corrupción de los trajeados indecentes del PP y del PSOE de este país. Casos que nos entretienen y nos divierten, ¿cómo podremos soportar una vida sin corrupción?

DERECHO AL VOTO

Quizás no te apetezca votar, desplazarte al colegio donde debas hacerlo. Posiblemente, no tengas fe ninguna en la política, lo que no es nada extraño conforme a los giros y actuaciones de los políticos. Es posible que lleves razón y no valga la pena hacer ningún esfuerzo por una clase tan degradada como la política, pero irremediablemente van a dirigir nuestras vidas y, por ello, tenemos que expresarnos tratando de decantar los resultados hacia donde mejor entendamos que debemos hacerlo.

Aprovecha y date un paseo con tu familia, sentaros en la terraza de cualquier bar y compartir un desayuno juntos. Disfrutad de la unión familiar, y sin haberos dado cuenta, además de pasar un buen rato, habréis hablado con vuestro voto. A pesar de todo esto, puede ser que sigáis pensando que no vale la pena, y vuelvo a daros la razón porque el panorama electoral se ve un poco turbio y nada razonable. La actuación de cada líder en los mítines ha dejado claro que no quiere ni ver a los demás, han lanzado cantidad de "mierda" contra los otros; así que será difícil que se pongan de acuerdo entre sí para gobernar. Pero si todos nos quedáramos en casa sería una posición de poder por parte de la ciudadanía; sin embargo, me temo que no va a ser así y que algunos no voten no es significativo, pero esos votos podrían decantar la balanza a favor de que pase algo importante para la ciudadanía.

No te la juegues, tenemos cantidad de información, somos adultos, seguro que sabemos a quien debemos apoyar con nuestro voto. En los últimos tiempos han pasado demasiadas cosas, ha habido demasiado despilfarro, nos han fastidiado mucho, nos han engañado aún más, así que coge tus papeletas y exprésate en las urnas, creo que es lo mejor que podemos hacer en lugar de esconder la cabeza en un agujero. Ya sé que esto cansa, pero han ido así las cosas, yo tampoco quisiera tener que votar otra vez y que se tengan que gastar otros ciento cuarenta millones de euros porque los políticos no han sido capaces de ponerse de acuerdo. Creo que todos los españoles sensatos pensamos parecido, pero la situación es la que es, hay que actuar porque la queja no sirve en estos momentos, sirve hablar con el voto y esperar que esta sea la definitiva, que no tiene muy buena pinta…, pero démosle otro voto de confianza.

Tenemos lo viejo que se vende como que son los que tienen experiencia, y los nuevos a los que todos aprovechan para darles palos por todos lados. Los viejos ya han tenido en sus manos el país, turnándose en el poder durante cuarenta años, lo que les ha valido para terminar, ambos, arrodillándose a los mandatos de Europa y, sobre todo, conocen demasiado bien los agujeros legales para meter la mano en la caja. Yo esa experiencia no quiero que se repita, la habilidad que tienen para llevarse los millones que son de todos, no es buena para el bien de todos nosotros. Prefiero lo nuevo, lo fresco, lo que llega con ganas y que tienen todo por delante para demostrar qué son capaces de hacer por España y los españoles. No me he dejado contagiar por el miedo que han tratado de infundir los viejos sobre los ciudadanos, tengo una cabeza para ver con claridad las intenciones de unos y otros, cómo manipulan unos y otros, con quién conniven unos y otros. Los viejos ya gobiernan en algunas regiones del territorio nacional, y podemos ver las políticas que hacen, los robos que han perpetrados y lo soberbios o falsos que pueden llegar a ser.

LA RATA YA ESTÁ EN LA LATA, ¿AHORA QUÉ?

Pasó el día del voto y estamos, de nuevo, en el tiempo de los pactos, repetición de la jugada. Increíblemente, España ha votado, se supone que libremente y legalmente, porque conforme han ido las cosas en este país en los últimos años "quién sabe", ha votado azul del Partido Popular, algo que a la gente decente de este país nos ha cogido por sorpresa. Pero no una sorpresa cualquiera ni pequeña, todo lo contrario, ¿cómo es posible que consiga ese partido, el de la corrupción más extendida por todo el territorio nacional, un mayor número de escaños o diputados?

Los españoles no castigan con su voto a los que se han llevado cuatro años y algo más saqueando las arcas, castigando a la ciudadanía con sus recortes, burlando a la justicia, manipulándola y creando el clima de impunidad más descarado que nunca hemos vivido en España. Todo ello no ha sido suficiente para que, como debería ser, la ciudadanía les hubiera puesto donde se merecían. Es más, conforme fueron llamados por los jueces: Organización criminal para delinquir, no deberían haber estado habilitados para presentarse a las elecciones...¡es incomprensible!

Ya saben ustedes que el PP ha pasado de 123 diputados, conseguidos en las elecciones de Diciembre pasado, a 137 en las actuales elecciones celebradas este último fin de semana. No doy crédito al resultado, me es imposible pensar que tantos españoles y españolas hayan seguido confiando en la fuerza política, que más casos de corrupción tiene en su haber. Han manipulado tanto que no puedo apartar de mí, la duda de que los resultados sean totalmente limpios; de veras que quisiera poder pensar de otro modo, pero la credibilidad de ese partido debería estar por los suelos conforme a la forma marrullera de moverse en el interior de la Administración pública.

El cambio tendrá que esperar y la formación de Gobierno, también. La actitud que muestran los líderes políticos albergan cantidad de rabia y rencillas entre ellos, que difícilmente van a posibilitar que se pacte un Gobierno serio para España. C's no quiere saber nada de la corrupción del PP ni del "radicalismo" de PODEMOS. El PSOE dice que no facilitará el Gobierno del PP, porque no se abstendrá ni lo apoyará. El PP está loco por hacer Gobierno con quien sea que caiga en sus redes, y por qué digo esto, porque el "listo" de Rajoy ya ha dicho que va a cambiar 4 ó 5 cosillas para contentar y convencer a PSOE y C's para que le apoyen en la investidura. PODEMOS entiende que solo puede pactar con PSOE, pero faltan 20 diputados, lo que tendría que incluir a todos los grupos catalanes y vascos, de los que no quiere saber nada Pedro Sánchez.

De nuevo, el choque de egos está servido, porque son incapaces de bajarse del pódium y pensar solo en la ciudadanía. Ojalá me equivoque y en los próximos días nos den la sorpresa esta vez agradable, lógica y que nos lleve en una dirección que convenga a las personas. La ciudadanía espera políticas de recuperación económica, de creación de trabajos de calidad, salarios dignos, compromiso real con las personas y no con los bancos como ha venido ocurriendo. Espero que si vuelven a no cumplir los políticos, unas terceras elecciones las paguen de su bolsillo, o se vayan todos a casa.

ESTO HA SIDO EL FIN DE CURSO

Para finalizar este primer semestre del año, hemos obtenido unos resultados electorales diferentes a los que pronosticaban todas las empresas demoscópicas del país, ellas y las previsiones de todos los medios de comunicación, todos, todos, se han equivocado. ¿No ha podido haber un pucherazo con las votaciones por correos, gente que no va a votar, etc.? Es difícil creerse que todas las empresas especializadas en las labores de estadísticas, encuestas, etc., no hayan dado en el clavo.

Es increíble, impensable diría yo, que tras la retahíla de casos de corrupción, conducta ilegal del partido del Gobierno, este incrementara el número de diputados conseguido. Además, lo han hecho ampliamente, lo que es aún más extraño. Lo que ha sucedido en estas elecciones es motivo de estudio por Cuarto Milenio. La mano de los extraterrestres tiene que estar por algún lado, porque los resultados son difíciles de creer, tanto, como el manejo de las grandes y pesadas piedras que en la antigüedad se usaron para las construcciones de dólmenes y pirámides.

Los resultados de estas elecciones han violentado la lógica y el sentido común. Han insultado la decencia y han transgredido el umbral de la realidad. Lo que ha sucedido en este país el 26 de Junio es de otra dimensión, inexcusablemente. Es la anti razón, por tanto, roza la demencia colectiva; aunque esto último no es complicado entenderlo, viendo como la gente se cuela por las aberturas que le abren. Se pone de moda media cabeza rapada y la otra no, allá que va una multitud a raparse. Se pone de moda tatuarse los brazos, ya muchos miles tienen un Miró en sus brazos. Las faldas largas, las cortas, los pantalones de pitillo, los de campana, los pelos largos, de punta, etc. Y al instante, la gente se moviliza, quiere seguir la moda o tendencia que le han marcado y vemos a miles de personas por la calle, que son copias las unas de las otras. Dónde está la personalidad, el carácter, el criterio propio y personal. Las gentes no tienen un sello y parecen estar esperando que les marquen detalles de distinción para dejar de ser ellas mismas.

Volviendo al tema central, para mí han sido un escándalo orquestado los resultados de la reciente elecciones, porque se me hace imposible en mi mente, que la gente vote masivamente a los que más nos han engañado, robado, insultado o prestado menos atención. No entiendo cómo se puede votar más a quienes nos han dejado sin trabajo, con salarios ridículos y trabajos precarios. Cómo se vota al que ya ha escrito a la UE para prometerles que si sigue gobernando nos va a seguir recortando nuestro bienestar social, los servicios públicos, las ayudas a la dependencia, etc. Eso es como si alguien llega a la puerta de casa, le vemos por la mirilla, es un desconocido y le preguntamos: ¿qué desea?, y nos responde: ¡vengo a atracarle!; y de seguida le abrimos la puerta…¡hombre, pase, le estábamos esperando!

Yo no sé qué han hecho, pero algo han maquinado con las papeletas y los votos de los que no han votado. De un partido y un Gobierno corrupto no espero acciones legales y correctas, es imposible, no va con su naturaleza delictiva. Pudiera parecer un pensamiento poco democrático, pero la democracia ya otros la han dinamitado hace años.

INDICE

www.ingramcontent.com/pod-product-compliance
Lightning Source LLC
Chambersburg PA
CBHW070104290526
45789CB00005B/1922